بسم الله الرحمن الرحيم

SEMERKAND

Muhammed ﷺ
Das Siegel der Propheten

Original: **Efendimiz Hz. Muhammed**

info@erolmedien.de

ISBN: 978-3-95707-006-7

Autor: Mehmet Nalbant
Übersetzung: Hamza Yılmaz
Redaktion: Salih Yılmaz
Lektorat: Yasin Alder
Grafik und Design: Mustafa Hıçkıran

Erstauflage 2014
Druck: Neuauflage

EROL MEDIEN

EROL Medien GmbH Kölner Str. 256-51149 Köln-Online Verkauf: **www.semerkandonline.de**
Tel.: 0 22 03 / 36 94 90 - Fax: 0 22 03 / 36 94 910 - E-Mail: **info@erolmedien.de**

صلى الله عليه وسلم

Muhammed

Das Siegel der **Propheten**

Mehmet Nalbant

Übersetzung:
Hamza Yılmaz

Inhaltsverzeichnis

Anmerkung

Es ist guter Brauch der Muslime, dem Gesandten Muhammed ﷺ, den Propheten und den Prophetengefährten Hochachtung und Liebe entgegenzubringen, indem wir sie mit unseren Segenswünschen und Bittgebeten beschenken. Schon die Prophetengefährten pflegten den Brauch, den Propheten Muhammed ﷺ mit Segenswünschen zu beschenken. Dieser Brauch wurde vom Erhabenen Allah im Edlen Quran folgendermaßen vorgegeben:

„Wahrlich sprechen Allah und Seine Engel Segenswünsche auf den Propheten (Muhammed). O ihr die ihr glaubt! So sprecht (auch) ihr auf ihn Segenswünsche und wünscht ihm Frieden!“ [1]

Auch die Segenswünsche auf die Prophetengefährten gehen auf einen Quranvers zurück:

„Die Vorangehenden, die ersten der Auswanderer und der Helfer und jene, die ihnen auf die beste Art gefolgt sind – mit ihnen ist Allah wohlzufrieden!“ [2]

Wenn der Name des Propheten Muhammed ﷺ erwähnt wird verwenden wir, bevorzugt den Ausspruch: „Salla Allahu aleyhi we sellem“ („Allahs Segen und Friede sei auf ihm“).
Diesen Ausspruch kürzen wir mit folgendem Symbol ab: ﷺ

Wenn der Name eines Propheten oder Engel erwähnt wird, verwenden wir bevorzugt den Ausspruch: „Aleyhi Selam“ (Friede sei mit ihm“).
Diesen Ausspruch kürzen wir mit folgendem Symbol ab: عليه السلام

Wenn der Name eines Prophetengefährten bzw. einer Prophetengefährtin erwähnt wird, verwenden wir bevorzugt den Ausdruck: „Radiya Allahu Anhu“. bzw. „Radiya Allahu Anha“ („Allah möge mit ihm/ihr zufrieden sein“).
Diesen Ausspruch kürzen wir mit folgendem Symbol ab: رضي الله عنه bzw. رضي الله عنها

1 33. Sure: El-Ehsab, Vers 56.
2 9. Sure: Et-Tewbeh, Vers 100.

Vorwort

Die Frage nach dem Sinn des Lebens, nach dem: „Wo komme ich her, wo gehe ich hin?" beschäftigt jeden irgendwann in seinem Leben. Das Aufkommen dieser Frage ist Teil der natürlichen Veranlagung jedes Menschen. Nutzt man seinen gesunden Menschenverstand, so führt dieser einen letztlich zwangsläufig zu dem Schluss, dass es eine höhere Macht geben muss, einen Gott, der alles erschaffen hat und am Leben erhält.
Dennoch gab es in der Menschheitsgeschichte immer Einzelne und Gemeinschaften, die die Existenz eines allmächtigen Gottes leugneten oder seine Einzigartigkeit abstritten und ihm andere Götter beigesellten. Aus diesem Grund hat der Schöpfer immer wieder Propheten entsandt, um die vom Weg abgekommenen Menschen wieder rechtzuleiten. Diese Propheten haben den Menschen die Botschaft und die Religion des einzigen Gottes, Allahs des Erhabenen, überbracht und sie gelehrt, das Gute vom Schlechten zu unterscheiden. Unter diesen tausenden Propheten Allahs befanden sich unter anderem Adem (Adam), Nuh (Noah), Ibrahim (Abraham), Musa (Moses) und Isa (Jesus). Der letzte in dieser Kette ist der Prophet Muhammed, Allahs Segen und Friede auf ihm. Durch ihn wurde die Botschaft Allahs des Erhabenen zum Abschluss gebracht und Seine Religion vollendet. Er ist das Siegel der Propheten.
Dieses Buch beschreibt die Lebensgeschichte des letzten Propheten Muhammed – Allahs Frieden und Segen auf ihm – und damit die Entstehungsgeschichte der islamischen Zivilisation.

Mekka, die auserwählte Stadt

Nachdem der erste Mensch Adem[1] عليه السلام und seine Ehefrau Hawwa[2] رضي الله عنها im Paradies von den Früchten gegessen hatten, die Allah der Erhabene ihnen verboten hatte, wurden sie als Folge dieser Handlung getrennt voneinander auf die Erde verbannt. Adem عليه السلام und Hawwa رضي الله عنها bereuten ihre Tat und flehten Allah den Erhabenen lange um Vergebung an. Doch schließlich vergab ihnen Allah der Erhabene und ließ sie bei Arafat nahe Mekka wieder zusammenkommen. So wurde Mekka in der Geschichte der Menschheit zum ersten Ort, an dem Menschen sesshaft wurden. Von hier aus breiteten sich Adems عليه السلام und Hawwas رضي الله عنها Nachkommen, auch genannt Beni Adem (arab. „Söhne Adems"), auf dem gesamten Globus aus.
Später, zur Zeit des Propheten Nuh[3] عليه السلام kamen fast alle Menschen auf der Erde durch die Sintflut ums Leben. Nuh عليه السلام und seine wenigen Anhänger überlebten, vermehrten sich und ihre Nachfahren besiedelten später die Erde ein zweites Mal. Die Wiederbesiedlung Mekkas erfolgte jedoch erst später.
Allah der Erhabene befahl dem Propheten Ibrahim[4] عليه السلام nach Mekka zu gehen, das sich jetzt – eingeschlossen zwischen zwei Bergketten – in einem kargen Tal befand. Ibrahim folgte Allahs Befehl und begab sich – unter der Führung des Engels Dschibril[5] عليه السلام - mit seiner Magd Hadscher[6] رضي الله عنها und seinem Sohn Ismail[7] عليه السلام dahin. Dort angekommen, ließ Ibrahim عليه السلام seine Magd und sein Kind mit einer Flasche voll Wasser und etwas zu Essen in Mekka zurück und kehrte auf den Befehl Allahs des Erhabenen zurück nach Palästina. Dies war der Beginn der zweiten Besiedlung Mekkas. Mit der im Zuge dessen erfolgten Entdeckung der Zemzem-Quelle und der Errichtung der Kaaba durch die Propheten Ibrahim عليه السلام und Ismail عليه السلام wurde Mekka schließlich zur bedeutendsten aller Städte.

„Unser Herr! Ich habe einen Teil meiner Nachkommenschaft in einem Tal, in dem kein Ackerbau möglich ist, bei Deinem Heiligen Haus angesiedelt. Unser Herr! Auf dass sie (dort) das Gebet verrichten mögen. So mache ihnen die Herzen der Menschen zugeneigt und versorge sie mit Früchten, damit sie dankbar sein mögen."[8]

1 Adam.
2 Eva.
3 Noah.
4 Abraham.
5 Gabriel.
6 Hager.
7 Ismael.
8 14. Sure: Ibrahim, Vers 37.

Der Prophet Schu´aib[1] عليه السلام wanderte später nach Mekka aus. Die Propheten Musa[2] عليه السلام, Yunus[3] عليه السلام, Suleyman[4] عليه السلام und viele andere Gesandte besuchten die Kaaba und beehrten Mekka mit ihrer Anwesenheit.

Die Abstammung des Propheten Muhammed ﷺ

Der Prophet Muhammed ﷺ stammt vom Propheten Ismail عليه السلام ab, dem Sohn des Propheten Ibrahim عليه السلام. Als Ibrahim عليه السلام und Ismail عليه السلام den Bau der Kaaba abgeschlossen hatten, sprachen sie das folgende Bittgebet:

„Unser Herr! Und sende zu ihnen einen Gesandten aus ihnen, der ihnen Deine Verse verliest und ihnen das Buch und die Weisheit lehrt und sie läutert. Wahrlich, Du bist der Vorherrschende, der Weise.“ [5]

Allah der Erhabene akzeptierte ihr Bittgebet und entsandte von den Nachkommen Ismails عليه السلام den Propheten Muhammed ﷺ. Der Gesandte Muhammed ﷺ selbst beschreibt dies folgendermaßen: „Ich bin das Bittgebet meines Urvaters Ibrahim عليه السلام, die frohe Kunde des Isa[6] عليه السلام, dem Sohn Meryems (Maria) رضي الله عنها, und der Traum meiner Mutter.“[7]

Ismail عليه السلام Nachkommen breiteten sich auf der gesamten Arabischen Halbinsel aus. Zu dieser Nachkommenschaft gehörten die Söhne Adnans. Einen Zweig dieser Sippe bildete der Stamm der Quraisch. Im Stamm der Quraisch wiederum genoss die Familie der Haschim besonders großes Ansehen.

Die Quraisch waren ein Stamm, der dafür bekannt war, Handel zu treiben. Der Radius ihrer Handelsgeschäfte reichte vom Süden der Arabischen Halbinsel bis in das heutige Syrien. Ihre Handelsrouten führten sie im Winter nach Jemen und im Sommer nach Damaskus. Bei einer solchen

1 Jitro.
2 Moses.
3 Jonas.
4 Salomo.
5 2. Sure: El-Baqarah, Vers 129.
6 Jesus.
7 Ahmed bin Hanbel, Musned, 4/127, 128.

Handelsreise von Mekka nach Damaskus, kam Haschim, der Urgroßvater des Propheten Muhammed ﷺ, in die Stadt Medina. Hier lebte die Sippe der Beni Nedschar. Haschim heiratete aus dieser Familie eine Frau namens Selma. Nach der Heirat zog er weiter, um in Damaskus seinen Handelstätigkeiten nachzugehen. Er verstarb jedoch auf seiner Reise in Gaza, im heutigen Palästina. Seine Ehefrau Selma war zu dieser Zeit bereits schwanger. Sie brachte einen Sohn zur Welt, dem sie den Namen Scheybe gab.

Scheybe besaß ein strahlendes Gesicht, das die Menschen faszinierte und durch das er unter seinen Mitmenschen rasch hervorragte. Als ein Händler auf ihn aufmerksam wurde und ihn ansprach, fand er schnell heraus, wessen Sohn Scheybe war. Der Händler erzählte Muttalib, dem Bruder Haschims, von seinem Neffen in Medina. So erfuhr Muttalib erst nach vierzehn Jahren, dass sein Bruder Haschim einen Sohn hatte. Er reiste sofort nach Medina und bat Scheybes Mutter um ihr Einverständnis, den Jungen mit in seine Heimat nehmen zu dürfen. Wenn jemand ihn auf seinen Neffen ansprach, so antwortete er – zum Schutz Scheybes –, dass dieser Abdulmuttalib, also der Sklave Muttalibs, sei.

Abdulmuttalibs Traum

Abdulmuttalib stieg aufgrund seiner Führungsqualitäten und weil ihn die Bewohner Mekkas sehr schätzten, zum Verwalter der Stadt auf. Eines Nachts hatte er einen Traum, in dem eine Stimme zu ihm sagte: „Grab nach der Tayyibe!“ Abdulmuttalib hatte nicht verstanden, was damit gemeint war. Er hörte die gleiche Stimme weitere drei Nächte hintereinander. In der zweiten Nacht sagte die Stimme: „Grab nach der Berre!“ In der dritten Nacht sagte sie: „Grab nach der Mednune!“
Tayyibe bedeutet „rein“ und „schön“. Berre bedeutet „Wohltat“. Mednune heißt so viel wie „verborgener Schatz“. Was aber war damit gemeint? Wo sollte er graben? Abdulmuttalib verstand nicht, was dies zu bedeuten hatte. Was sollte er tun?
Als die Stimme am vierten Tag zu ihm sprach: „Grab nach der Zemzem!“ hakte Abdulmuttalib diesmal nach und fragte: „Was ist Zemzem? Wo befindet es sich?“
Daraufhin antwortete ihm die Stimme: „Zemzem ist das Erbe deiner Ahnen. Sie ist eine Quelle, die nie versiegt. Sie befindet sich an dem Ort, wo die Opfertiere geschlachtet werden. Ein Vogel mit bunten Flügeln wird auf ihr herumpicken, und die Ameisen haben ihr Nest darauf errichtet.“ Dann wachte er auf. Das Ganze beschäftigte ihn sehr. Er hatte einst die Ältesten über Zemzem sprechen hören. Vor langer Zeit regierten die Dschurhum in Mekka. Als sie die Stadt verlassen mussten, vergruben sie ihre Schätze im Zemzem-Brunnen, machten den Brunnen anschließend unkenntlich und räumten die Stadt.

Die Entdeckung der Zemzem-Quelle

Abdulmuttalib fand den Ort, der in seinem Traum beschrieben wurde, und begann zusammen mit seinem einzigen Sohn Harith den Brunnen auszugraben. Ihre Anstrengungen blieben jedoch nicht verborgen. Denn es gab unter den Mekkanern Leute, welche die Geschichte der Zemzem-Quelle kannten. Als diese nun die Grabungsarbeiten sahen, beharrten sie darauf, am Fund beteiligt zu werden. Abdulmuttalib, der sich für einen Moment den Mekkanern hilflos ausgeliefert sah, gelobte: „Oh Allah, wenn du mir zehn Söhne gibst, werde ich dir einen von ihnen opfern.“

Der Streit um den Zemzem-Brunnen kam schließlich vor den Richter, der entschied, dass Abdulmuttalib einen Teil des gefundenen Vermögens behalten dürfe, während er den restlichen Teil der Kaaba überlassen musste. Das Wasser jedoch sollte gänzlich der Aufsicht Abdulmuttalibs und seiner Familie unterstellt werden. Die Grabung wurde wieder aufgenommen, und schließlich fand man sowohl den Schatz als auch das Wasser. Abdulmuttalib überließ den Großteil des gefundenen Schatzes der Kaaba und gewann dadurch die Sympathie der Mekkaner.

Abdullah, der Vater, der geopfert werden sollte

Abdulmuttalib bekam die zehn Söhne, um die er Allah den Erhabenen gebeten hatte. Unter ihnen trat Abdullah, sein achter Sohn, besonders hervor. Auch er besaß – wie sein Vater – ein strahlendes Gesicht, das die Aufmerksamkeit seiner Mitmenschen auf sich zog. Wegen seiner freundlichen Art wurde er unter den Söhnen Abdulmuttalibs am meisten geschätzt.

Allah der Erhabene hatte Abdulmuttalibs Wunsch erfüllt, und nun musste er sein gegebenes Versprechen einlösen und einen seiner Söhne opfern. Er rief seine Söhne zusammen und erzählte ihnen von seinem Gelöbnis. Keines seiner Kinder wiedersetzte sich der Pflicht ihres Vaters, seine Schuld einzulösen. Das Los sollte darüber entscheiden, welchen seiner Söhne er nun opfern sollte. So verteilte Abdulmuttalib Lospfeile an seine Söhne, auf denen sie ihre Namen schreiben sollten. Bedrückt brachte Abdulmuttalib anschließend die Lospfeile zur Kaaba. Nach einem alten Brauch zog bei solch einem Losverfahren eine eigens dazu beauftragte Person einen der Pfeile und führte so die Entscheidung herbei. Alle waren gespannt, welchen Namen der Bedienstete aufrufen würde. Als er den Namen Abdullah ausrief, brach Abdulmuttalib in Tränen aus. Es war, als ob man ihm sein Herz herausreißen würde. Er war am Boden zerstört. So stark aber sein Schmerz auch sein mochte – er hatte Allah gelobt, einen Sohn zu opfern, und nun war es soweit. Abdulmuttalib musste an Ibrahim عليه السلام denken, der seinerzeit ebenfalls gelobt hatte seinen Sohn Ismail عليه السلام zu opfern. Er verstand nun, was Ibrahim عليه السلام durchgemacht hatte. Was für eine schwierige Prüfung dies war! Als er nach Hause kam, warteten bereits alle seine Kinder auf ihn. Abdulmuttalib sagte: „Mein Sohn Abdullah! Allah hat dich für Sich auserwählt. Unter meinen Söhnen bist du es, dem diese Ehre zuteil geworden ist.“ Abdullah senkte sein Haupt und sagte: „Ich bin bereit, Vater.“

Abdulmuttalib ergriff sein Messer, nahm Abdullah an die Hand und ging mit ihm zusammen zum Opferplatz. Als sie ankamen, sahen sie, dass sich dort bereits eine beachtliche Menge versammelt hatte. Eine Gruppe Quraischiten sagte zu Abdulmuttalib: „Oh Abdulmuttalib! Wir haben gehört, dass du Abdullah opfern willst. Du bist einer der Ältesten unter uns. Wenn du eine solche Tradition einführst, werden auch wir irgendwann gezwungen sein, unsere Kinder zu opfern. So etwas können wir keinesfalls zulassen!"
Nun trat auch der Onkel Abdullahs vor: „Oh Abdulmuttalib! Ich schwöre bei Allah, du hast kein Recht, diesen Jungen zu opfern, wenn du keinen triftigen Grund vorweisen kannst. Ich gebe mein gesamtes Vermögen, um ihn zu retten."
Abdulmuttalib hatte gelobt, Allah dem Erhabenen einen Sohn zu opfern, und so sehr die Quraischiten ihn auch bedrängten, er durfte von seinem Gelöbnis nicht abweichen. Die Quraischiten sagten: „Oh Abdulmuttalib! In Damaskus lebt eine weise Frau. Zu ihr gehen all diejenigen, die sich in einer Zwangslage befinden und nach einer Lösung suchen. Geh mit Abdullah zu dieser Frau und erzähle ihr von deiner Not. Vielleicht findet sie eine Lösung. Wenn sie dir empfiehlt, Abdullah zu opfern, so kannst du dies tun. Wenn sie dir aber eine andere Lösung bietet, dann halte dich daran."

Abdulmuttalib hielt dies für angemessen und machte sich mit Abdullah auf den Weg nach Damaskus. In Medina hörten sie, dass sich die Frau gerade in Khaybar aufhalte. Abdulmuttalib und Abdullah gingen dorthin und fanden schließlich die weise Frau, von der die Quraischiten berichtet hatten. Abdulmuttalib schilderte ihr die Situation. Die Frau fragte: „Was ist bei euch das Blutgeld für das Leben eines Menschen?" „Zehn Kamele" antwortete Abdulmuttalib. Darauf sagte die weise Frau: „Geh hin und halte zehn Kamele bereit. Lost um den Jungen und die zehn Kamele. Fügt den Kamelen jedes Mal, wenn das Los sich für das Kind entscheidet, weitere zehn Kamele hinzu, bis schlussendlich die Kamele gezogen werden. Dann opfert die Kamele und rettet so das Kind."

Abdulmuttalib war glücklich und dankbar für diesen Ausweg. Ohne Zeit zu verlieren kehrte er nach Mekka zurück und bereitete die Kamele vor. Dann ging er zur Kaaba und gab dem Bediensteten zwei Lospfeile. Auf dem einen Pfeil stand der Name „Abdullah" und auf dem anderen „Kamele". Der Bedienstete zog einen Lospfeil. Es war der Pfeil, auf dem Abdullahs Name stand. Die Anzahl der Kamele wurde auf zwanzig erhöht und, alles begann von vorn. Wieder wurde der Lospfeil mit dem Namen Abdullahs gezogen, und wieder wurde die Zahl der Kamele um weitere Zehn erhöht. Auf dreißig, auf vierzig und auf fünfzig. Aber der gezogene Pfeil blieb immer derselbe. Die Zahl der Kamele erhöhte sich bei jeder Ziehung. Als sie schließlich bei einhundert Kamelen angelangt waren rief der Bedienstete erstmalig „Kamele“. Die Quraischiten freuten sich. Abdulmuttalib jedoch sagte: „Nein! Ich habe ein schlechtes Gewissen. Das Los soll noch drei weitere Male gezogen werden. Nur wenn er den Namen Abdullah kein weiteres Mal zieht, dann erst werde ich die Kamele opfern.“ Dann wurde das Los noch drei weitere Male gezogen. Auf dem gezogenen Lospfeil stand jedes Mal „Kamele“. Im Freudentaumel rief Abdulmuttalib „Allahu ekber! Allahu ekber!“ und fiel auf die Knie, um ein Dankgebet zu sprechen.

Die Heirat von Abdullah und Amine

Abdullahs strahlendes Gesicht zog die Aufmerksamkeit vieler Frauen auf sich. Manche hatten ihm schon einen Heiratsantrag gemacht, aber er hatte keinen davon beantwortet. Als sein Vater zu der Ansicht gelangt war, dass Abdullah nun reif für die Ehe sei, machte er sich auf die Suche nach einer passenden Schwiegertochter. Lange brauchte er nicht zu suchen. Er hielt für Abdullah um die Hand einer Frau namens Amine an. Sie war die Tochter von Vehb bin Abdumenaf, der zu den Ältesten des Stammes der Beni Zuhre gehörte. Amines Vater akzeptierte die Verbindung und sagte: „O mein Cousin! Wir haben deinen Antrag bereits erhalten. Amines Mutter sah in ihrem Traum ein Licht, das den Himmel und die Erde erleuchtete und in unser Haus fiel. Und heute Nacht erschien mir in einem Traum unser Großvater Ibrahim عليه السلام. Er sagte mir: ‚Ich habe deine Tochter mit Abdullah, dem Sohn Abdulmuttalibs, vermählt. Stimme dieser Verbindung zu!‘ Ihr könnt mir glauben wenn ich euch sage, dass ich euch schon erwartet habe!“

Als die Hochzeit stattfand war Abdullah 24 Jahre alt; Amine war 14. Nach etwa zwei Wochen verschwand das besondere Licht im Gesicht Abdullahs. Doch nun begann das Gesicht von Amine zu strahlen. Denn sie war schwanger geworden und trug den zukünftigen Propheten ﷺ in sich.
Etwa einen Monat nach der Hochzeit reiste Abdullah nach Damaskus, um Handelsgeschäfte zu erledigen. Auf dem Rückweg erkrankte er in Yathrib

(Medina) und blieb bei seinen Onkeln. Als die Karawane ohne ihn weiterzog und schließlich Mekka erreichte, erhielt Abdulmuttalib die Nachricht von der Krankheit Abdullahs. Abdulmuttalib schickte sofort seinen älteren Sohn Harith nach Yathrib. Doch Harith kam zu spät – Abdullah war bereits verstorben. Er wurde von seinen Onkeln begraben.

Als Harith nach Mekka zurückkehrte und die traurige Nachricht überbrachte, brach für Abdulmuttalib, der nun seinen liebsten Sohn verloren hatte, eine Welt zusammen. Amine, die ihr Eheglück nur kurze Zeit genießen durfte, weinte tagelang bitterlich um Abdullah und verlor dabei von Tag zu Tag an Gewicht. Dabei war sie doch schwanger und es waren nur noch zwei Monate bis zur Geburt ihres Kindes.

Die Geschichte des Elefanten

Die Gesandten Allahs Musa عليه السلام und Isa عليه السلام hatten bereits zu ihren Lebzeiten das Kommen des letzten aller Propheten verkündet. Über die Jahrhunderte hinweg warteten jüdische und christliche Gelehrte hoffnungsvoll auf die Zeichen, die das Kommen des erwarteten Gesandten ankündigen würden. Von einem dieser Zeichen wird auch im Edlen Quran berichtet, in der Geschichte des Elefanten.[1]

Der christliche Gouverneur von Jemen, Ebrehe, wollte den Zustrom der Pilger zur Kaaba stoppen, um dadurch Mekka als Wallfahrtsort durch seine eigene Hauptstadt Sanaa abzulösen. Dort hatte er bereits eine prächtige, mit Gold und Silber verzierte Kirche errichten lassen, die das Zentrum der neuen Pilgerstätte bilden sollte. Seine Kirche wurde aber von Arabern entweiht, woraufhin Ebrehe wutentbrannt beschloss, Mekka zu erobern und die Kaaba zu zerstören. An der Spitze seines Heeres zog Ebrehe gegen Mekka und führte als besondere Verstärkung einen mächtigen Kriegselefanten namens „Mamut" mit sich, dessen Anblick allein bereits jeden Araber eingeschüchtert hätte. Ebrehes Streitkräfte gelangten ohne Schwierigkeiten bis in die Nähe von Mekka. Auf ihrem Feldzug wurden sie zwar von arabischen Stämmen angegriffen, konnten diese aber mit Leichtigkeit überwältigen.
Ebrehe schlug sein Lager in der Nähe Mekkas auf und ließ seine Truppen mit der Plünderung der umliegenden Gebiete beginnen. Während dieser

1 Sure El-Fil.

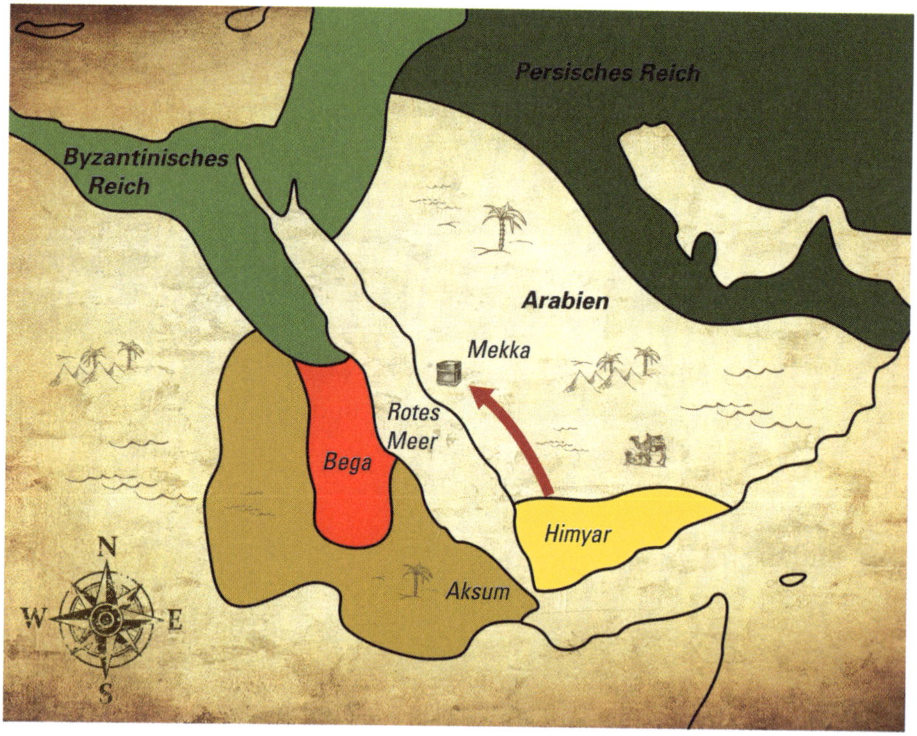

Ebrehes Feldzug

Plünderungen wurden auch 200 Kamele entwendet, die Abdulmuttalib gehörten. Abdulmuttalib begab sich daraufhin zum Heerlager Ebrehes und bat um ein Treffen mit ihm. Ebrehe, der davon ausging, dass das Oberhaupt Mekkas unterwürfig zu ihm gekommen sei, um bei ihm um Gnade für die Kaaba und die Stadt zu bitten, saß auf seinem Thron, als Abdulmuttalib zu ihm trat. Die Würde, die er dabei ausstrahlte, beeindruckte Ebrehe derart, dass er sich gezwungen sah, von seinem Thron aufzustehen und sich zu Abdulmuttalib auf den Teppich zu setzen. Abdulmuttalib sprach mit Hilfe eines Übersetzers: „Sag deinem König, dass seine Männer zweihundert meiner Kamele geraubt haben. Ich will sie zurück." Ebrehe war darüber verwundert und enttäuscht. „Diesem Mann habe ich wohl umsonst so viel Respekt erwiesen", dachte er sich. Er sagte zum Übersetzer: „Sag dem Anführer Mekkas, dass er mich enttäuscht hat. Ich bin gekommen, um Mekka einzunehmen und die Kaaba zu zerstören, und er denkt nur an seine Kamele. Wenn ihm seine Kamele wichtiger sind als die Stadt, der er vorsteht, dann soll er die Kamele zurückbekommen." Abdulmuttalib antwortete darauf: „Sag deinem Herrn, dass ich nur der Eigentümer der

Kamele bin und daher nur meinen Besitz einfordere. Es gibt aber keinen Zweifel daran, dass der Besitzer der Kaaba sie beschützen wird!"
Abdulmuttalib nahm seine Kamele mit und kehrte zurück nach Mekka. Er ließ die Stadt räumen, denn er wusste, dass sie den Streitkräften Ebrehes nichts entgegenzusetzen hatten. Dann verließen die Bewohner die Stadt und zogen sich zum Fuß des Bergs Ebu Kubeys zurück. Als Abdulmuttalib die Stadt verließ, sprach er: „O Allah, Dein Diener hat seine Kamele bewahrt. Nun bewahre Du Dein Haus."

Nun gab es kein Hindernis mehr zwischen Ebrehe und der Kaaba – jedenfalls schien es so. Ebrehe ließ seine Truppen zum Sturm auf die Stadt antreten, doch Mamut, der Kriegselefant, blieb wie erstarrt an seinem Platz stehen und rührte sich nicht vom Fleck. Drehte man ihn in Richtung Jemen, so begann er zu rennen, sobald man ihn aber zur Kaaba drehte, machte er keinen einzigen Schritt und weigerte sich, weiterzumarschieren. Ebrehe entschied sich, den Angriff ohne den Elefanten zu führen und ließ seine Soldaten angreifen.
Doch was war das? Aus Richtung des Roten Meeres näherte sich ihnen eine Masse schwarzer Wolken! Als sie erkannten, dass es sich dabei nicht um

Wolken, sondern um Vögel handelte, zerbrach in Ebrehe jegliche Hoffnung. Die Vögel verdeckten den Himmel. Sie trugen kleine Steine in ihren Schnäbeln und in ihren Krallen mit sich, die sie auf die Streitkräfte Ebrehes niederfallen ließen. Die Steine trafen die Köpfe der Soldaten zielgenau und töteten jeden, den sie erwischten. Das Schlachtfeld füllte sich mit Toten, und nur wenige Soldaten, samt Ebrehe, konnten fliehen und erreichten den Jemen. Ebrehe überlebte seine Niederlage jedoch nicht lange und starb kurze Zeit später.
Dann ließ Allah der Erhabene es regnen, und alle Leichen wurden durch die Fluten unter dem Schlamm begraben. Im Edlen Quran heißt es hierzu:

„Siehst du nicht, wie dein Herr mit den Leuten des Elefanten verfuhr? Hat Er nicht ihren Plan scheitern lassen und Vögel in Scharen über sie geschickt, die sie mit Steinen aus gebranntem Lehm bewarfen, und sie so wie abgefressene Halme gemacht?“[1]

Die Geburt des Propheten ﷺ

Es war in der zwölften Nacht des Monats Rebi'ul Ewwel, an einem Montag, kurz vor Morgengrauen, in einem bescheidenen Haus in Mekka. Nach christlicher Zeitrechnung war es der 20. April 571. In diesem Haus brachte Amine den letzten aller Propheten, Muhammed ﷺ, zur Welt.

Amine selbst beschrieb diese Nacht folgendermaßen: „Im sechsten Monat meiner Schwangerschaft erschien mir jemand im Traum und sagte: ‚O Amine! Wisse, dass du schwanger bist mit dem Gesegnetsten aller Welten. Wenn du ihn zur Welt gebracht hast, so gib ihm den Namen Muhammed, und erzähle niemandem davon.‘
Als die Zeit der Geburt näher rückte, war ich zu Hause, während mein Schwiegervater zur Kaaba gegangen war, um den Tawaf[2] zu vollziehen. Plötzlich hörte ich ein Geräusch und erschrak. Ich bemerkte etwas. Ein weißer Vogel kam zu mir und streichelte mich mit seinen Flügeln. Als ich mich zur Seite drehte, wurde mir eine Schale mit einem süßen Getränk gereicht. Ich trank es und wurde dann umringt von einem Meer aus Licht. Muhammed

1 105. Sure: El-Fil, Verse 1-5.
2 Umrundung der Kaaba.

kam auf die Welt und alles erstrahlte. Im Lichte dieser Helligkeit erblickte ich eine Fahne im Osten, eine im Westen und eine Fahne bei der Kaaba. Ich hörte eine Stimme, die sagte: ‚Führt ihn in den Osten und in den Westen. Bereist mit ihm die Meere. Alle Geschöpfe sollen Muhammed mit seinem Namen, seinen Eigenschaften und seiner Gestalt kennenlernen.'"

Schifa Khatun, die Hebamme des Propheten, beschreibt dieses Ereignis wie folgt: „Ich war anwesend, als der Gesandte Allahs geboren wurde. Ich hörte eine Stimme, die sagte: ‚Möge Allahs Segen auf ihm sein'. In diesem Moment wurde alles zwischen Ost und West mit Licht durchflutet. Ich sah die Paläste des Byzantinischen Reiches. Ich nahm das Kind auf meinen Arm und begann es zu säugen. Während ich dies tat, begann ich zu zittern, mir wurde schwarz vor Augen, und für einen Moment konnte ich das Kind nicht sehen. In diesem Augenblick hörte ich eine Stimme sagen: ‚Wo ist er hin?' Ich habe niemals vergessen, was ich dort gehört und gesehen habe. Als der Prophet verkündete, dass er der Gesandte Allahs sei, habe ich ihm sofort geglaubt."

Der Prophet Muhammed ﷺ kam bereits beschnitten und mit abgetrennter Nabelschnur auf die Welt. Auf seinem Rücken und der Stelle, wo das Herz sitzt, befand sich das Prophetensiegel. Es hatte die Größe eines Rebhuhn-Eis und setzte sich aus kleinen Muttermalen zusammen, die wie rötliche Perlen aussahen.

Die Ereignisse, die mit der Geburt Muhammeds ﷺ auftraten

In der Nacht, in der der Prophet Muhammed ﷺ geboren wurde, war am Himmel ein besonderer Stern zu sehen. An diesem Stern erkannten die Geistlichen der Stämme Israels, dass nunmehr der letzte aller Propheten auf die Welt gekommen war.

Der Gefährte Hassan ibn Thabit رضي الله عنه wurde zu dieser Zeit Zeuge eines Vorfalls, den er folgendermaßen beschreibt: „Ich war acht Jahre alt. In den Straßen Medinas rief ein Jude: ‚Oh ihr Juden! Wisset, dass Ahmeds Stern in dieser Nacht erschienen ist. Er ist in dieser Nacht auf die Welt gekommen.'"
Ein anderer Jude kam bis nach Mekka und fragte dort, ob an diesem Tag ein Kind auf die Welt gekommen sei. Als ihm gesagt wurde, dass in jener Nacht

der Sohn Abdullahs geboren wurde, jammerte er: „Oh weh! Die Stämme Israels haben das Prophetentum verloren!“ und begann lauthals zu wehklagen.

In Persien, wo die Bevölkerung dem Zoroastrismus anhing und der Feuerkult verbreitet war, herrschte Kisra (Chosrau, Großkönig von Persien). Sein Palast war umringt von einer Festungsmauer, die 14 Türme besaß. In der Nacht der Geburt des Propheten stürzten alle 14 Festungstürme in einem gewaltigen Getöse zusammen. Noch bevor sich Kisra von diesem Schock erholen konnte, bestürzte ihn eine weitere Mitteilung. Die heilige Flamme des Feuertempels, die seit tausend Jahren ununterbrochen brannte, war in dieser Nacht ebenfalls auf rätselhafte Weise erloschen. Der Save-See, ein von Polytheisten als heilig betrachtetes Gewässer, trocknete in dieser Nacht vollkommen aus. Ein ausgetrocknetes Flusstal in der Nähe von Damaskus, das bis dahin seit tausend Jahren kein Wasser mehr geführt hatte, trat über seine Ufer und überflutete das umliegende Gebiet dermaßen, dass die Bewohner in die Berge flüchten mussten.

Die Bewohner Mekkas hingegen glaubten zwar an Allah den Erhabenen, akzeptierten neben ihm aber auch Götzen als weitere Gottheiten. Sie richteten ihre Wünsche und Bittgebete an viele große und kleine Götzen, die sie in der Kaaba aufstellten. Doch in der Nacht der Geburt des Propheten fielen alle Götzen, die in der Kaaba aufgestellt waren, kopfüber auf den Boden.

Es gab bestimmt noch weitere Ereignisse in dieser Nacht, die uns aber heute nicht mehr bekannt sind. Dass es solche Zeichen gegeben hat, verwundert nicht, denn in jener Nacht wurde der edelste aller Menschen, der Prophet aller Propheten, der Segen aller Welten und der Wegweiser aller Menschen und Dschinn geboren!

Die Trennung von der Mutter

Die Ereignisse, die sich während der Geburt ihres Sohnes zugetragen hatten, und die Liebe zu ihrem Kind bewogen Amine, hoffnungsvoll in die Zukunft zu blicken und den Kummer über den Verlust ihres Ehemannes ein wenig zu vergessen. Amine stillte Muhammed ﷺ etwa eine Woche lang und gab ihn dann für eine kurze Zeit der Amme Suweybe.

Es gehörte zur Tradition der Mekkaner, ihre Kinder für eine gewisse Zeit in die Obhut einer Amme (Milchmutter) zu geben. Diese stillte das Kind und zog es in den Oasen der arabischen Wüste auf. Ein Grund für diesen Brauch war das unangenehme Klima in Mekka, das sehr heiß und für Kleinkinder nur schwer zu ertragen ist. Die Hitze war auch der Grund für die vielen Epidemien, die in Mekka von Zeit zu Zeit ausbrachen. Das Klima der Wüste hingegen ist angenehmer, und auch das Trinkwasser ist besser. Kinder, die in der Wüste aufwuchsen, lebten gesünder und entwickelten sich dadurch auch besser als ihre Altersgenossen in der Stadt. Außerdem hatten sie in der Wüste viel mehr Raum zum Spielen und konnten sich dadurch auch besser entfalten.
Die Förderung der Sprachentwicklung war ein weiterer Grund für diese Praxis, denn für die Mekkaner galt es als besonders tugendreich, die arabische Sprache gut zu beherrschen. So trugen in Mekka traditionell jedes Jahr die besten Dichter der Arabischen Halbinsel einen Wettkampf untereinander aus. Die schönsten Gedichte wurden dann am Umhang der Kaaba befestigt, sodass jeder sie lesen konnte. Wenn man die Sprache gut beherrschte, konnte man auch besonders schöne und anspruchsvolle Gedichte verfassen. Die Menschen, die in der Wüste lebten, beherrschten die arabische Sprache meist besser als andere; zudem war ihre Aussprache akzentfrei. Die Kinder, die bei Ammen aufwuchsen, lernten daher bereits in ihren frühen Lebensjahren, besonders gut Hocharabisch zu sprechen. So hatten sich diese Frauen, die in der Wüste lebten, die Kinderbetreuung zum Beruf gemacht. Sie kamen im Sommer nach Mekka und kehrten anschließend mit den Pflegekindern zurück zu ihren Oasen, um sie zu stillen und großzuziehen.

Mehrere Ammen vom Stamm der Beni Sa‘d kamen nach Mekka und nahmen Kinder aus wohlhabenden Familien in Pflege. Die Amme Halime verspätete sich jedoch, sodass sie kein Kind von reichen Eltern mehr abbekam. Doch statt mit leeren Händen zurückzukehren, erklärte sie sich bereit, das Waisenkind Muhammed ﷺ zu sich zu nehmen. Halime nahm den im Wickeltuch liegenden Muhammed ﷺ und betrachtete ihn eingehend. Sie war derart von seinem Antlitz gefesselt, dass sie ihren Blick nicht mehr abwenden konnte. Schließlich begann sie, an den nach Rosen duftenden Händchen zu riechen und das Baby zu küssen. Als Muhammed ﷺ erwachte, lächelte er Halime an. Halimes Herz pochte. Sie strahlte über das ganze Gesicht und war sehr angetan von diesem Kind.
Mit Muhammed ﷺ kamen auch Reichtum und Fülle in Halimes Haus. Ihre Brüste füllten sich reichlich mit Milch, sodass sie an ihrer rechten Brust Muhammed ﷺ und an ihrer linken seinen Milchbruder stillte. Sie

und ihr Mann waren sich bewusst, dass ihr Pflegekind Muhammed der Grund für diesen plötzlichen Segen war. Beide kümmerten sich rührend um Muhammed ﷺ und schenkten ihm größte Aufmerksamkeit.
Nachdem Muhammed ﷺ das zweite Lebensjahr erreichte hatte, wurde er nicht mehr gestillt. Die Zeit für die Rückkehr nach Mekka rückte immer näher, und Halime fiel in große Trauer. Sie würde sich nur schwerlich von dem nach Rosen duftenden und trotz seines kindlichen Alters überaus vernünftigen und respektvollen Muhammed ﷺ lösen können. Aber was hätte sie tun können? Voller Trennungsschmerz nahm sie ihn in ihre Arme und brachte ihn zurück zu seiner Mutter nach Mekka. Als Amine ihr Kind wiedersah, strahlte sie im ganzen Gesicht. Sie drückte ihr Kind fest an ihre Brust, küsste Muhammed ﷺ innig und freute sich, dass die Sehnsucht endlich ein Ende hatte. Halime hingegen war sehr betrübt. Sie konnte und wollte sich nicht von ihrem Pflegekind trennen. „O Amine! Ich bitte dich, erlaube mir, dass ich mich noch eine Weile um Muhammed ﷺ kümmern kann. Lass mich ihn wieder mit in die Wüste nehmen. Ich befürchte nämlich, dass er sich mit der Pest infiziert, wenn er länger in Mekka bleibt. Ich würde besser auf ihn Acht geben als auf meine eigenen Kinder.“ Halime bat aus tiefstem Herzen, und Amine gab nach. So kehrte das Pflegekind aus Mekka mit seiner Milchmutter wieder zurück in die Oase, wo sie die letzten beiden Jahre zusammen verbracht hatten.
So wuchs Muhammed ﷺ bei seiner Milchmutter heran und begann, zusammen mit seinen Milchbrüdern in der Wüste die Lämmer zu hüten. Er besaß eine sehr positive Ausstrahlung und hatte schon bald die Sympathie seiner Mitmenschen gewonnen. Außergewöhnlich war darüber hinaus, dass ihm stets eine Wolke zu folgen pflegte, die ihm Schatten spendete und ihn vor der Sonne schützte.
Als Muhammed ﷺ wieder einmal mit seinen Milchbrüdern die Lämmer hütete, fiel einer seiner Milchbrüder an einem schattigen Ort in den Schlaf. In diesem Augenblick näherten sich ihnen zwei weiß gekleidete Personen. Sie kamen zu Muhammed ﷺ und legten ihn auf das Gras. In diesem Augenblick erwachte sein Milchbruder Abdullah. Er bekam Angst und rannte nach Hause. Voller Aufregung berichtete er seiner Mutter, was er gesehen hatte. Halime und ihr Ehemann eilten zum Ort des Geschehens. Sie ahnten schreckliches, aber was sie vorfanden, überraschte sie nicht weniger. Muhammed ﷺ kam ihnen entgegen. Er hatte zwar ein blasses Gesicht, aber er lächelte. Halime fragte: „Was ist mit dir geschehen mein Kind? Stimmt es, was dein Bruder Abdullah sagte?“ Muhammed ﷺ antwortete: „Zwei weiß

gekleidete Personen kamen zu mir, hielten mich fest und öffneten meine Brust. Dann nahmen sie mir mein Herz heraus. Sie entfernten ein schwarzes Stück vom Herzen und warfen es weg. Dann reinigten sie mit dem Schnee, den sie in einer goldenen Schale mitführten, mein Herz und meine Brust. Danach gingen sie wieder fort."
Halime und ihren Ehemann überkam ein unbehagliches Gefühl. Dieser Vorfall hatte sie sehr beunruhigt. Sie sagten sich: „Wir sollten das Kind besser der Mutter zurückbringen, bevor ihm noch ein Unglück widerfährt."
So brachten sie kurz darauf Muhammed ﷺ zu seiner Mutter zurück, jedoch ohne ihr von diesem Vorfall zu berichten.

Das Grab seines Vaters

Als Muhammed ﷺ zu seiner Mutter zurückkehrte, war er gerade fünf Jahre alt geworden. Für Kinder gibt es schließlich keinen besseren Ort auf der Welt als die liebevollen Arme der eigenen Mutter. Mutter und Sohn waren hoch erfreut darüber, wieder vereint zu sein. Die Anwesenheit Muhammeds ﷺ belebte das Haus. Trotz seines jungen Alters half er seiner Mutter und dem Kindermädchen Ummu Eymen رضي الله عنها und bereitete ihnen große Freude. Er begegnete jedem mit Respekt und half den Gleichaltrigen in seinem Umfeld. Allah der Erhabene ließ ihn auf die schönste Weise heranwachsen und gewährte ihm eine vollkommene Erziehung.
Als Muhammed ﷺ das sechste Lebensjahr erreicht hatte, wollte seine Mutter, dass er das Grab seines Vaters in Yathrib (Medina) besucht. Amine selbst hatte in ihrem Herzen stets ein liebevolles Andenken an Abdullah bewahrt. Als alle Vorbereitungen abgeschlossen waren, begaben sich Amine, Muhammed ﷺ und Ummu Eymen رضي الله عنها auf die Reise. Amine drehte sich noch einmal um und warf einen letzten Blick zurück. Tiefe Trauer erfüllte ihr Herz, so als würde sie nie wieder zurück nach Mekka kehren.
Nach einer langen und anstrengenden Reise erreichten sie schließlich Yathrib. Sie waren zu Gast im Haus von Nabiga, dem Onkel Abdullahs. Amines Ehemann lag im Garten seines Hauses begraben. Als Amine und ihr Sohn vor das Grab Abdullahs traten, erfüllte beide tiefe Trauer und sie weinten. Zum ersten Mal in seinem Leben verspürte Muhammed ﷺ den Schmerz eines Waisenkindes.
Alle Anwesenden waren sehr erfreut über die familiäre Zusammenkunft, und so blieben sie mehrere Monate in Yathrib. Muhammed ﷺ genoss diese

Zeit sehr. Er ging oft zu einem nahegelegenen See, um dort zu schwimmen, und die Kinder Yathribs wetteiferten um seine Freundschaft.

Muhammed ﷺ, das Waisenkind

Dennoch wurde es irgendwann Zeit, zurückzukehren, und die bevorstehende Trennung von seinem Vater versetzte Muhammed ﷺ und seine Mutter erneut in Trauer. Die Tränen seiner Mutter ließen ihn nicht unberührt, und so weinten beide, als sie Abschied von Abdullah nahmen. Sie schlossen sich einer aus Damaskus kommenden Karawane an. Sie hatten erst die Hälfte des Weges zurückgelegt, als Amine plötzlich erkrankte. Es ging ihr so schlecht, dass sie die Reise nicht weiter fortsetzen konnte. Die Karawane zog weiter, während Amine, Muhammed ﷺ und Ummu Eymen رضي الله عنها im Dorf Ebwa blieben. Amine war nicht mehr in der Lage, zu gehen. Schweißgebadet lag sie im Schatten eines Baumes, während ihr Sohn Muhammed ﷺ still dasaß und leise weinte. Er legte den Kopf seiner Mutter in seinen Schoß. Amine sah ihrem Sohn in die Augen und sprach:

„O Sohn des Abdullah!
Für hundert Kamele
Rettete man deine Seele
Vor des Todes Pfeil.

Möge Allah der Allmächtige
Dir Seinen Segen zukommen lassen,
Und alles was du hervorbringst,
von Dauer sein lassen.

Wenn mein Traum wahr ist,
Und du ein Prophet bist,
Wirst du deinem Vorfahren Ibrahim zu Ehren
Die Gebote und Verbote Allahs lehren.

Alles Leben wird einmal vergehen,
Und auch das Neue bleibt nicht ewig bestehen,
So werd‘ auch ich dem Tod nicht entkommen,
Vielleicht ist er ja schon zu mir gekommen.

Sollt auch schon bald mein Körper vergehen,
So bleibt doch mein Name weiter bestehen,
Dafür bist du der Garant für mich,
Denn dieser Welt hinterlasse ich dich."

Dann verstarb sie. Muhammed ﷺ verspürte nun im wahrsten Sinne, was es bedeutet, Waise zu sein. Er fühlte einen Schmerz, der ihn bis in die Knochen durchdrang, und er weinte bitterlich. Er würde das Gesicht seiner Mutter niemals vergessen. Trotz allem bewahrte er aber seine Haltung, wie ein reifer Mann, und begrub zusammen mit Ummu Eymen رضي الله عنها seine Mutter in dem Dorf.
Ummu Eymen رضي الله عنها brachte Muhammed ﷺ zurück zu seinem Großvater Abdulmuttalib nach Mekka. Der Großvater übernahm nun die Betreuung seines Enkels und behielt ihn stets an seiner Seite. Er liebte seinen Enkel sehr, setzte ihn auf seinen Schoß, kümmerte sich rührend um den kleinen Waisen, nahm ihn sogar auf die Sitzungen der Stadtverwaltung von Mekka mit und legte trotz seiner sieben Jahre Wert auf Muhammeds Meinung. Stets aß Abdulmuttalib erst, wenn auch sein Enkel am Tisch saß, und er gab seinem Lieblingsenkel immer nur das Beste.

Eines Tages beauftragte er seinen Enkel damit, ein verschwundenes Kamel wiederzufinden. Als Muhammed ﷺ sich etwas verspätete, lief Abdulmuttalib sofort zur Kaaba und sprach folgendes Bittgebet: „O Allah, bring mir Muhammed zurück." Als dann sein Enkel mit dem Kamel zurückkehrte, atmete Abdulmuttalib erleichtert auf. Mit Tränen in den Augen umarmte er Muhammed ﷺ und sagte: „Mein einziges Kind! Ich habe mir Sorgen gemacht, als du nicht gekommen bist. Von nun an werde ich dich nie wieder alleine irgendwohin gehen lassen."
Abdulmuttalib war bereits über 60 Jahre alt, als er plötzlich erkrankte. Er rief seine Kinder zusammen. Schließlich musste er ja jemandem seinen Enkel anvertrauen. Aber wem? Vielleicht Ebu Leheb? Nein, das ging nicht. Ebu Leheb war hartherzig und erbarmungslos. Vielleicht Abbas? Das war auch nicht möglich. Abbas hatte selber viele Kinder und würde nicht genug Zeit aufbringen können, sich um das Waisenkind zu kümmern. Und Hamza? Hamza war zwar jung, aber er war Jäger und blieb nie lange zuhause. Oder vielleicht Ebu Talib? Ebu Talib war zwar nicht wohlhabend, aber er war barmherzig und somit der einzige, der für die Aufsicht seines Enkels geeignet war.
Als Abdulmuttalib seinen Sohn Ebu Talib für diese Aufgabe erwählte, sagte dieser: „Mach dir keine Sorgen, mein Vater. Ich verspreche dir, dass ich für

ihn wie für mein eigenes Kind sorgen und ihn sogar mir selbst vorziehen werde. Sei versichert, dass ihm niemand Schaden zufügen wird, solange ich lebe." Abdulmuttalib war über dieses edle Verhalten sehr erfreut. Kurze Zeit später verstarb er an seiner Krankheit. Muhammed ﷺ verlor seinen Großvater, als er gerade erst acht Jahre alt war. Dieser erneute Verlust eines nahen Menschen innerhalb kurzer Zeit hatte ihn sehr schwer getroffen. Er weinte viel. Er hatte das Bild seiner Mutter vor Augen, die in seinen Armen gestorben war, und er erinnerte sich an das Grab seine Vaters. Es hat den Anschein, dass all diese kurz aufeinander folgenden Verluste und die Schmerzen, die er erdulden musste, Teil einer Art Vorbereitungsphase waren, die seine Widerstandsfähigkeit steigern sollte.

Im Hause Ebu Talibs

Ebu Talib hatte seinem Vater versprochen, sich um seinen Neffen zu kümmern, und er hielt dieses Versprechen gewissenhaft ein. Ebu Talib setzte sich so lange nicht an den Esstisch, bis nicht auch Muhammed ﷺ anwesend war, und er sorgte dafür, dass sein Neffe stets in seiner Nähe blieb. Ebu Talibs Ehefrau kümmerte sich um Muhammed ﷺ so, wie sich nur eine Mutter um ihr eigenes Kind kümmert. Sie gab der Pflege des Waisenkindes Vorrang vor allen anderen Dingen und versorgte immer zuerst Muhammed ﷺ, bevor sie sich um ihre eigenen Kinder kümmerte. Später sagte der Prophet Muhammed ﷺ über Ebu Talibs Ehefrau: „Als sie starb, fragten mich einige: ‚O Gesandter Allahs! Wieso betrauerst du so sehr den Tod dieser alten Frau?' Da antwortete ich ihnen: ‚Wie sollte ich denn nicht? Als ich Waise war und bei ihr lebte, gab sie vor ihren eigenen Kindern immer erst mir zu essen und kämmte immer zuerst meine Haare. Sie war wie eine Mutter für mich.'"

Der junge Muhammed ﷺ arbeitete als Hirte und versuchte auf diese Weise, den Haushalt seines Onkels zu entlasten, denn Ebu Talib war im Vergleich zu seinen anderen Onkeln eher arm. Aber auch wenn er arm war, so war er doch großzügig. Er kümmerte sich um die Pilger, die nach Mekka kamen, und bewirtete sie. Dies konnte er aufgrund seiner finanziellen Situation aber lediglich drei Pilgerzeiten lang tun. Danach übernahm sein jüngerer Bruder Abbas diese Aufgabe.

Handelskarawane

Die Reise nach Damaskus

Als sich die wirtschaftliche Situation Ebu Talibs verschlechterte und er seine Familie nur noch mit Mühe versorgen konnte, entschied er sich, in das Handelsgeschäft einzusteigen. Er wollte sich einer Handelskarawane nach Damaskus anschließen, die von den Quraisch organisiert wurde. Muhammed ﷺ, der sich von seinem Onkel nicht trennen und ihm darüber hinaus auf dieser beschwerlichen Reise behilflich sein wollte, bat diesen, ihn begleiten zu dürfen. Ebu Talib hatte nichts dagegen, und so machten sie sich gemeinsam auf den Weg. Muhammed ﷺ half beim Beladen und Entladen des Gepäcks und war seinem Onkel eine große Hilfe.

Als sie die zwischen Damaskus und Jerusalem liegende Stadt Busra erreichten, legte ihre Karawane eine Rast ein. Busra war eine wasserreiche Siedlung mit vielen Grünflächen und ein beliebter Ort für durchreisende Karawanen, die hier gerne eine Rast einlegten. In Busra befand sich auch eine Kirche, in der ein Mönch namens Bahira lebte. Dieser hatte aus den Büchern, die er studierte, die Eigenschaften des Propheten kennengelernt, den die Juden erwarteten. Er glaubte daran, dass er diesen Propheten noch zu seinen eigenen Lebzeiten sehen würde. Als nun die Handelskarawane aus Mekka nach Busra kam, bemerkte Bahira die Wolke, die, über der Karawane schwebend, diese begleitete. Die Karawane machte vor der Stadt noch einen letzten Halt, und die Reisenden ruhten sich unter dem Schatten eines Baumes aus. Bahira bemerkte, dass sich die Zweige des Baumes aneinander drückten und somit einen noch dunkleren Schatten warfen. Er dachte sich sofort, dass dies kein Zufall sei, sondern einzig und allein einen göttlichen Grund haben müsse. Sofort schickte er jemanden zur Karawane und lud alle Reisenden zum Essen ein. Die Quraischiten akzeptierten die Einladung. Als sie am Tisch saßen, betrachtete Bahira neugierig jeden Einzelnen von ihnen. Die Person, die er erwartet hatte, befand sich jedoch nicht unter den Anwesenden.

„Gibt es einen unter euch, der meiner Einladung nicht nachgekommen ist?“ fragte er. Einer antwortete: „Ja. Wir haben unseren Jüngsten bei der Karawane gelassen, damit er sie bewacht.“ Daraufhin sagte Bahira: „Lasst bitte auch ihn kommen.“

Dann riefen sie Muhammed ﷺ. Als er kam und sich an den Tisch setzte, beobachtete Bahira ihn. Er passte zu den Beschreibungen. Nachdem man gegessen hatte und der Tisch abgeräumt worden war, beugte sich Bahira zu Muhammed ﷺ und flüsterte ihm ins Ohr: „Würdest du im Namen von Lat und Uzza meine Fragen ehrlich beantworten?“ Muhammed ﷺ antwortete: „Verlange nichts von mir im Namen von Lat und Uzza.“ Dann fragte Bahira: „Würdest du mir dann im Namen Allahs ehrlich antworten?“ „Frag, frag was du möchtest“, sagte Muhammed ﷺ. Daraufhin stellte ihm der Mönch seine Fragen. Bahira konnte sein Erstaunen nicht verbergen. Er bat Muhammed ﷺ um Erlaubnis, sich seinen Rücken ansehen zu dürfen. Als er das Siegel des Propheten erblickte, lief er zum Onkel Muhammeds ﷺ und fragte ihn: „In welcher Beziehung steht das Kind zu dir?“

„Er ist mein Sohn.“

„Nein. Du kannst nicht der Vater dieses Kindes sein.“

„Ja, du hast Recht. Er ist der Sohn meines Bruders Abdullah.“

„Was ist mit seinem Vater geschehen?“

„Als seine Mutter mit dem Kind schwanger war, ist er in Yathrib (Medina) gestorben.“

„Ja, jetzt sprichst du die Wahrheit.“

Bahira war sich nun sicher. Dies war der erwartete letzte Prophet. Er ermahnte seinen Onkel: „O Ebu Talib! Geht nicht nach Damaskus. Kehrt

augenblicklich zurück nach Mekka. Ich befürchte, dass die Juden in Damaskus dem Kind etwas Böses antun werden, wenn sie erkennen, was ich erkannt habe. Denn dein Neffe wird in der Zukunft einen großen Ruf erlangen. Wartet nicht. Bring ihn sofort zurück in deine Heimat!“
Ebu Talib folgte dem Rat Bahiras und kehrte nach Mekka zurück, ohne Damaskus betreten zu haben.

Das Wesen Muhammeds ﷺ

Muhammed ﷺ betete keine Götzen an, wie es die Quraisch taten. Wie einige wenige Araber glaubte auch er an die aufrichtige Religion Ibrahims und verrichtete seine Gottesdienste danach. Er nahm auch nicht an den Feierlichkeiten und den verschiedenen Veranstaltungen teil, die damals in Mekka stattfanden und bei denen Alkohol in großen Mengen getrunken und Glücksspiel betrieben wurde. Stets hielt er Abstand von diesen Dingen. Muhammed besaß in allen Aspekten seines Lebens gute Charaktereigenschaften und wurde von allen respektiert. Wenn die Menschen über ihn sprachen, verwendeten sie den Beinamen, den ihm die Quraisch gegeben hatten: Sie nannten ihn „El-Emin“ – der Zuverlässige, Vertrauenswürdige. Eine Begebenheit ist beispielhaft für die Entstehung dieses Vertrauensverhältnisses:
Als Muhammed ﷺ 35 Jahre alt war, waren die Quraisch gerade damit beschäftigt, die Kaaba zu restaurieren. Schließlich kam es an die Zeit, den „Hadscherul Eswed“ – einen heiligen Stein, der aus dem Paradies stammt und den der Prophet Ibrahim رضي الله عنه beim Bau der Kaaba eingesetzt hatte – wieder an seinen ursprünglichen Ort zu platzieren. Wer aber sollte den Hadscherul Eswed einsetzen? Die Stämme zerstritten sich darüber untereinander, da jeder Stamm diese Ehre für sich beanspruchte. Der Streit ging sogar so weit, dass einige fast schon ihre Schwerter ziehen wollten. Schließlich kam der Vorschlag auf, die erste Person, die durch das Tor Scheybe tritt, über die Sache richten zu lassen. Dieser Vorschlag wurde von allen akzeptiert. Als dann Muhammed ﷺ, der das Vertrauen der Mekkaner genoss, das Tor durchquerte, sagten alle: „Muhammedul Emin (Muhammed der Zuverlässige) ist gekommen. Er wird sich für das Richtige entscheiden.“
Muhammed ﷺ legte seinen Umhang auf den Boden, platzierte den Stein auf dessen Mitte und forderte dann die Oberhäupter eines jeden Stammes auf, gemeinsam den Umhang zu fassen und so den Hadscherul Eswed anzuheben.

Er selbst setzte den Stein dann an seine ursprüngliche Stelle wieder ein. Das Vertrauen, dass ihm seine Mitmenschen entgegenbrachten, half so dabei, eine Auseinandersetzung zwischen den Stämmen zu verhindern.

Die Heirat mit Khadidscha رضي الله عنها

Nach einer Aussage von Ibrahim عليه السلام war Mekka ein mit Dorngestrüpp bewachsenes Tal. War jemand nicht in der Lage, Ackerbau zu betreiben, so konnte er sein Einkommen durch Handel erwirtschaften. Mehrmals im Jahr stellten die Händler Karawanen zusammen und machten sich dann gemeinsam auf die Reise. Diejenigen, die nicht mitreisen konnten, schickten einen Vertreter, der den Verkauf ihrer Waren beaufsichtigte.
Eine solche Händlerin war die Witwe Khadidscha رضي الله عنها, die Tochter des Chuweylid. Khadidscha رضي الله عنها hatte ihre Handelsgüter für die Karawane bereitgestellt und suchte nun einen Vertreter, der ihre Waren nach Damaskus bringen, diese dort verkaufen und andere Waren einkaufen sollte. Als Ebu Talib davon erfuhr, bat er seinen Neffen, sich für diese Stelle zu bewerben. Khadidscha رضي الله عنها bestellte Muhammed ﷺ zu sich und sagte zu ihm: „Ich möchte, dass du meine Waren nach Damaskus bringst und dort für mich Handel treibst. Ich weiß, dass du ein sehr ehrlicher und vertrauenswürdiger Mensch bist. Du wirst einen Lohn bekommen, den ich bis jetzt keinem meiner Stammesangehörigen bezahlt habe. Mein Sklave Maysara wird dich auf dieser Reise begleiten und dir dienen."
Muhammed ﷺ nahm dieses Angebot an. Dann ermahnte Khadidscha رضي الله عنها Maysara: „Was er dir auch befiehlt, du wirst es sofort ausführen. Du tust nichts, ohne ihn vorher um Rat zu fragen. Sobald du zurückgekehrt bist, wirst du mir über ihn Bericht erstatten."
Als die Vorbereitungen abgeschlossen waren, reiste Muhammed ﷺ mit der Karawane in Richtung Damaskus ab. Nach drei Monaten erreichte die Karawane den Marktort Busra in der Nähe von Damaskus. Dort hatte der Mönch Nestura den Platz Bahiras eingenommen. Nestura wurde auf den jungen Muhammed ﷺ aufmerksam und fragte seinen Diener Maysara nach ihm. Maysara sagte: „Er kommt aus Mekka und gehört zu den Quraisch."
Dann fragte er Maysara, ob Muhammed ﷺ eine Rötung in den Augen habe. Daraufhin antwortete Maysara: „Ja, er hat eine Rötung in den Augen."
Schließlich konnte Nestura nicht umhin, seine Vermutung auszusprechen: „Er ist ein Prophet. Und zwar der letzte Prophet."

Maysara war über all dies sehr erstaunt. Es war ja nicht nur, dass dieser Mönch behauptete, dass Muhammed ﷺ ein Prophet sei. Nein, ihm selbst war darüber hinaus aufgefallen, dass sich ständig eine Wolke über Muhammed ﷺ befand und ihn überall hin begleitete. Außerdem empfand Maysara eine ungewohnte innere Ruhe, wenn er sich bei Muhammed ﷺ aufhielt und ihn bediente.

Muhammed ﷺ konnte seine Geschäfte in Damaskus erfolgreich abschließen. Er hatte die Waren gewinnträchtig verkaufen können und kehrte mit wertvollen Gütern beladen zurück nach Mekka. Als sich die Karawane der Heimat näherte, wurde sie bereits freudig von den Mekkanern empfangen. Khadidscha رضي الله عنها befand sich ebenfalls unter der Menge. Sie hielt Ausschau nach Muhammed ﷺ und als sie ihn entdeckt hatte, bemerkte sie die Wolke, die auffällig konstant über ihm schwebte und ihn ununterbrochen begleitete. Khadidscha رضي الله عنها war verwundert und zugleich sehr angetan. Mehr noch, sie empfand eine tiefe Zuneigung zu ihm. Nachdem Muhammed ﷺ Khadidscha رضي الله عنها über den Verlauf der Geschäfte eingehend informiert hatte, übergab er ihr die mitgebrachten Waren.
Maysara hatte im Laufe dieser Reise Dinge erlebt, die ihn sehr beeindruckt hatten. Er berichtete Khadidscha رضي الله عنها eingehend von diesen Erlebnissen. Khadidscha رضي الله عنها erzählte dies wiederum ihrem Onkel Waraqa. Waraqa war ein weiser Mann, der sich vom Götzenkult der Mekkaner abgewandt und nach dem Studium religiöser Schriften zum Christentum bekannt hatte. Nachdem er Khadidscha رضي الله عنها zugehört hatte, sagte er: „Wenn das wahr ist was du gesagt hast, dann ist Muhammed ﷺ zweifellos ein Prophet. Ich habe einst gelesen, dass aus diesem Volk ein Prophet kommen wird. Dies wurde von Isa folgendermaßen beschrieben: ‚Wenn er kommt, wird er euch den rechten Weg weisen. Er wird nicht von sich aus sprechen, sondern das mitteilen, was ihm offenbart wird. Er wird Zeugenschaft für mich ablegen. Er wird die Welt ordnen, indem er verkündet, was verboten und was erlaubt ist.‘ O Tochter meines Bruders, dies ist die Zeit seiner Ankunft!“
Khadidscha رضي الله عنها war eine 40-jährige Witwe, und viele angesehene Männer der Quraisch hatten um sie geworben, sie aber hatte alle Anträge abgelehnt. Nun interessierte sie sich für den 25-jährigen Muhammed ﷺ. Sie war sehr beeindruckt von seiner Erscheinung, seinen guten Charaktereigenschaften, seiner Aufrichtigkeit, seiner Würde und dem Eindruck, den er bei anderen hinterließ.
Sie schickte ihre engste Freundin Nefise zu Muhammed ﷺ und machte ihm einen Antrag. Muhammed ﷺ nahm Khadidschas رضي الله عنها Heiratsantrag an, und so fand ihre Trauung und ihre Hochzeit nach arabischer Tradition statt.

Ihrer Ehe entstammen sechs Kinder: Kasim, Zeyneb, Rukiyye, Fatima, Ummu Kulthum und Abdullah.

„Lies"

Muhammed ﷺ, der nie an irgendwelche Götzen geglaubt hatte, hielt an der Religion seines Urvaters Ibrahim fest und verrichtete seine Gebete entsprechend. Er hatte die Ramadan-Monate der letzten Jahre damit verbracht, sich mit etwas Proviant ausgestattet in die Höhle Hira nahe Mekka zurückzuziehen, um dort in sich zu kehren und zu Allah, dem einzigen Gott, zu beten.

Als er mit 40 Jahren den Monat Ramadan wieder im Gebet vertieft in der Höhle Hira verbrachte, erschien am Eingang der Höhle plötzlich ein grelles Licht. Muhammed ﷺ schaute auf das Licht und verspürte eine innere Unruhe. Plötzlich trat aus dem Licht eine Gestalt hervor, kam auf ihn zu, packte ihn an den Schultern, drückte ihn kräftig und ließ ihn wieder los.
Die Gestalt sagte zu Muhammed ﷺ: „Lies!"
Muhammed ﷺ antwortete mit rauer und zittriger Stimme: „Ich kann nicht lesen." Daraufhin umarmte ihn die Gestalt erneut, drückte ihn kräftig und ließ ihn wieder los. „Lies!", sagte sie erneut. Muhammed ﷺ war beängstigt und durch das Drücken erschöpft. Er wiederholte seine Antwort: „Ich kann nicht lesen." Dann drückte ihn die Gestalt ein weiteres Mal, ließ ihn erneut los und sagte:

„Lies! Im Namen deines Herren, Der erschuf! Er erschuf den Menschen aus einem Blutgerinnsel.
Lies! Und dein Herr ist allgütig. Jener, Der mit dem Schreibrohr lehrt."[1]

Muhammed ﷺ wiederholte die ihm offenbarten Verse. Er gab sie exakt wieder. Der Engel hatte damit seine Aufgabe erfüllt und ging wieder. Muhammed ﷺ aber lief voller Angst und Panik nach Hause und sagte zu seiner Frau Khadidscha رضي الله عنها: „Deckt mich zu! Deckt mich zu!" Er legte sich ins Bett, zog die Knie bis an den Bauch an und drehte sich auf seine rechte Seite. Er war ganz blass und hatte noch immer Angst. Khadidscha رضي الله عنها

1 El-Alaq 96/1-5.

Deschebel en-Nur. In diesem Berg befindet sich die Höhle Hira.

deckte ihn zu und wartete eine Weile, bis er sich beruhigt hatte. Dann fragte sie ihn, was denn geschehen sei. Muhammed ﷺ berichtete ihr von seinen Erlebnissen. Khadidscha رضي الله عنها war eine weise Frau – sie wusste, an wen sie sich zu wenden hatte. Sie brachte Muhammed ﷺ zu ihrem Cousin Waraqa. Nachdem sie ihm die Ereignisse geschildert hatten, sagte er: „Dies war ein Engel, der zu den Propheten kommt. O Muhammed! Du bist ein Prophet, der zu diesem Volk entsandt worden ist. Wie gerne würde ich bei dir sein, wenn sie dich aus Mekka vertreiben werden."

Die Gestalt aus der Höhle war also ein Engel. Der Engel, der den Propheten die Botschaften Allahs des Erhabenen überbrachte, war der Offenbarungsengel Dschibril. Muhammed ﷺ fragte völlig erstaunt: „Sie werden mich aus Mekka vertreiben?" Daraufhin sagte Waraqa: „Es gibt keinen Propheten der etwas Ähnliches gebracht hat wie du und dadurch nicht die Feindseligkeit seines Volkes auf sich gezogen hätte. O Muhammed! Ich bin ein alter Mann. Wenn ich den Tag erlebe, an dem du die Menschen zum Eintritt in die wahre Religion aufforderst und den Tag, an dem du aus Mekka vertrieben wirst, dann werde ich alles in meiner Macht stehende tun, um dir zu helfen."

Eingang zur Höhle Hira.

Nach diesem Ereignis erschien Dschibril eine ganze Weile nicht mehr. Muhammed ﷺ wartete gespannt auf ein weiteres Zeichen. Irgendwann hörte er unterwegs eine Stimme. Die Stimme schien von oben her zu kommen, und so hob Muhammed ﷺ seinen Blick zum Himmel und erblickte Dschibril. Ja, es war die gleiche Gestalt, die Muhammed ﷺ in der Höhle Hira gesehen hatte. Schnell lief er nach Hause und bat seine Frau, ihn zuzudecken. Als er in eine Decke gehüllt im Bett lag, kam der Engel Dschibril zu ihm und überbrachte ihm die Aufforderung Allahs des Erhabenen:

„O du dich Verhüllender! Erhebe dich und warne! Und preise deinen Herrn! Und reinige deine Kleidung! Und meide den Schmutz (des Götzendienstes)! Und sei nicht wohltätig nur um der Vermehrung (durch eine Gegenleistung) willen! Und für deinen Herrn sei standhaft!“[1]

---

1 74. Sure: El-Muddethir, Verse 1-7.

Diese Offenbarungen waren die ersten Verse des Edlen Quran, die Muhammed ﷺ aufforderten, den Menschen den Islam zu verkünden, und es waren die Verse, mit denen Muhammed ﷺ die Prophetenschaft übertragen wurde. Sie beendeten damit zeitgleich die Zeit der Dschahiliyyeh (Unwissenheit) und leiteten eine neue Epoche in der Geschichte der Menschheit ein.

Die ersten Muslime

Der Prophet Muhammed ﷺ übernahm mit der Gesandtschaft eine gewaltige Verantwortung. Er sollte die Menschen nicht nur daran erinnern, in welchem Verhältnis sie zu ihrem Schöpfer stehen, sondern sie auch lehren, sich ihrer natürlichen Veranlagung gemäß und im Sinne des Schöpfers zu verhalten. Der Prophet Muhammed ﷺ sollte den Menschen darüber hinaus die ihm offenbarten Verse des Quran wiedergeben, ihnen deren Bedeutung erklären und lebendiges Vorbild sein. Schließlich hatte er den Auftrag, die islamische Religion allen Hindernissen zum Trotz zu verkünden. Mit diesen Aufgaben betraut wandte er sich als erstes an seine Ehefrau Khadidscha رضي الله عنها. Sie hatte die Geschehnisse der letzten Zeit als erste mitbekommen und war damit die am nächsten stehende Zeugin. Als der Prophet Muhammed ﷺ ihr alles, was vorgefallen war, berichtet hatte, nahm Khadidscha رضي الله عنها ohne zu zögern den Islam an. Sie führte die rituelle Waschung für das Gebet so durch, wie es der Engel Dschibril dem Propheten Muhammed ﷺ gezeigt hatte, und verrichtete anschließend ein Gebet mit zwei Gebetseinheiten gemeinsam mit Muhammed ﷺ.
Der Prophet war überglücklich, dass Khadidscha رضي الله عنها den Islam angenommen hatte. Sodann begann er, die Botschaft des Islam – zunächst noch im Verborgenen – zu verkünden. Die nächsten Menschen, die den Islam annahmen, waren sein engster Gefährte Ebu Bekr رضي الله عنه, sein Cousin Ali رضي الله عنه und der vom Propheten Muhammed ﷺ selbst freigelassene Sklave Zeyd رضي الله عنه.

Ebu Bekr رضي الله عنه war ein enger Freund des Propheten Muhammed ﷺ, der ihn noch aus der Zeit vor seiner Gesandtschaft kannte. Er schätzte die Ehrlichkeit und Zuverlässigkeit des Muhammeds ﷺ, der stets den Schwachen half, nie Alkohol trank oder Unzucht beging und immer sein Versprechen hielt. Kurz nachdem die ersten Verse der Sure El-Muddethir offenbart worden waren, traf Ebu Bekr رضي الله عنه auf den Propheten Muhammed ﷺ. Ebu Bekr رضي الله عنه

sagte zu ihm: „O Muhammed! Wir haben uns schon eine ganze Weile nicht gesehen. Wie geht es dir?“ Der Gesandte Allahs ﷺ antwortete: „Würdest du mir glauben, wenn ich dir erzähle, was vorgefallen ist?“ Ebu Bekr رضي الله عنه antwortete: „O Muhammed! Wem sollte ich denn sonst glauben, wenn nicht dir?“ Da erzählte ihm der Prophet, was sich zugetragen hatte. Er berichtete ihm, dass er Offenbarungen von Allah erhalten und mit der Gesandtschaft beauftragt worden war. Schließlich rezitierte er die Suren El-Alak und El-Muddethir. Daraufhin fragte ihn Ebu Bekr رضي الله عنه: „O Muhammed! Was soll ich machen, um dich zu bestätigen?“ Der Prophet sagte zu ihm: „Sprich das Glaubensbekenntnis!“ und sprach es ihm vor. Ebu Bekr رضي الله عنه sprach daraufhin das Glaubensbekenntnis mehrmals hintereinander.
Nachdem Ebu Bekr رضي الله عنه Muslim geworden war, begann auch er, zusammen mit dem Propheten Muhammed ﷺ die Menschen zum Islam einzuladen. Durch ihre gemeinsamen Bemühungen nahmen einige angesehene Bürger Mekkas, wie Uthman ibn Affan رضي الله عنه, Zubeyr ibn Awwam رضي الله عنه, Sa´d ibn Ebu Waqqas رضي الله عنه, Abdurrahman ibn Awf رضي الله عنه und Talha ibn Ubeydullah رضي الله عنه den Islam an. Freundschaften spielten in diesen ersten Jahren der Verkündung eine besondere Rolle, denn jeder Muslim lud zunächst die ihm besonders Nahestehenden dazu ein, den Islam anzunehmen. Aber nicht nur die Zahl der männlichen Muslime wuchs von Tag zu Tag, auch die Zahl der muslimischen Frauen nahm stetig zu. Zu den ersten Musliminnen gehörten unter anderem die jüngere Schwester von Umer ibn El-Chattab – einem angesehenen und respektierten Händler aus Mekka –, Ummu´l Fadhl, die Frau von Abbas, dem Onkel des Propheten Muhammed ﷺ und Esma رضي الله عنها, die Tochter von Ebu Bekr رضي الله عنه.

Zu den ersten Muslimen zählte auch Khalid ibn Said, einer der reichsten Männer unter den Quraisch. Khalid رضي الله عنه beschrieb seinen Weg zum Islam folgendermaßen: „Ich hatte von Muhammeds Einladung zum Islam gehört. Ich durchlebte zu dieser Zeit einen inneren Konflikt. Eines Tages hatte ich einen Traum: Ich befand mich am Rande eines Abgrunds und stand kurz davor, hinunterzustürzen. Dann sah ich Muhammed. Er hielt mich fest und bewahrte mich dadurch vor dem Absturz. Ich erwachte daraufhin. Am nächsten Morgen ging ich zu ihm und sagte: ‚O Muhammed! Was ist es, wozu du uns einlädst?‘ Daraufhin sagte der Prophet: ‚Ich lade euch dazu ein, an Allah, den Einen und Einzigartigen, zu glauben. Ich lade euch dazu ein, euch von der Anbetung der blinden, tauben und nutzlosen Steine abzuwenden. Ich lade euch dazu ein, gegenüber euren Eltern wohltätig zu

sein und nicht eure Kinder umzubringen, nur weil ihr befürchtet, durch sie in Armut zu verfallen. Ich lade euch dazu ein, keine Unzucht zu treiben, weder in der Öffentlichkeit noch im Geheimen. Ich lade euch dazu ein, keinem Geschöpf Allahs Ungerechtigkeit zuzufügen, den Besitz der Waisen nicht zu veruntreuen, beim Wiegen und Messen gerecht zu handeln, die Wahrheit zu sprechen – auch wenn eure Nächsten dadurch Schaden erleiden würden – und euer Versprechen einzuhalten.'
Muhammed ﷺ sprach die Wahrheit, und daraufhin nahm ich unverzüglich den Islam an."

Die öffentliche Einladung

Außerhalb Mekkas befand sich das Haus von Erqam ؓ, das zum geheimen Treffpunkt für die ersten Muslime wurde. Dort versammelten sie sich und verrichteten ihre Gebete. Die Zeit der geheimen Verkündung dauerte insgesamt drei Jahre. Trotz Geheimhaltung erfuhren die oberen Schichten in Mekka vom Aufkommen dieser – für sie neuen – Religion, denn der Islam hatte bereits auch Eingang in ihre Häuser gefunden. Die Zeit der geheimen Verkündung endete mit der Offenbarung des folgenden Quranverses: ***„So tue kund, was dir befohlen wurde..."***[1] Nun sollten die Menschen ganz offen zum Islam eingeladen werden. Der Quranvers ***„Und warne deine nächsten Angehörigen aus deiner Sippe!"***[2] zeigte, wen der Prophet ﷺ zuerst zum Islam einladen sollte. Mit dieser Aufforderung wandte sich der Prophet Muhammed ﷺ an seine Verwandten, die Söhne Abdulmuttalibs. Er rief sie zusammen und sagte zu ihnen: „O mein Stamm! Ich kenne niemanden, der euch etwas Besseres gebracht hätte als das, was ich euch bringe. Es ist das Segensreichste des Diesseits und des Jenseits. Ihr sollt wissen, dass es keine Gottheit gibt außer Allah. Er ist einzigartig, und ich bin Sein Gesandter. O Söhne Abdulmuttalibs! Ich lade euch ein, an Allah, den Einen, zu glauben."
Unter denjenigen, die sich dort versammelt hatten, gab es solche, die seinem Aufruf folgten und den Glauben annahmen, und andere, die sich weigerten, Muslime zu werden. Unter letzteren befand sich Ebu Leheb und dessen Frau. Ebu Leheb, ein Onkel des Propheten Muhammed ﷺ, begann erbost zu schreien: „Verdammt sollst du sein! Hast du uns etwa dafür hierhergerufen?"
Daraufhin wurde die Sure El-Masad herabgesandt:

---

1 15. Sure: El-Hidschr, Vers 94.
2 26. Sure: Esch-Schu'ara, Vers 214.

„Zugrundegehen sollen die Hände Ebu Lehebs, und (auch er selbst) soll zugrundegehen! Was nützen ihm sein Besitz und das, was er erworben hat? Er wird dereinst in einem lodernden Feuer brennen. Ebenso seine Frau, die (elende) Brennholzträgerin. Um ihren Hals wird ein Strick aus Palmfasern sein.“[1]

Ein anderer Onkel des Propheten Muhammed ﷺ, Ebu Talib, stellte sich offen auf die Seite seines Neffen und sagte: „O Sohn meines Bruders! Ich glaube dir, aber ich kann meine Religion nicht aufgeben. Solange ich aber nicht umzingelt und getötet worden bin, werde ich nicht aufhören, dich zu beschützen.“

Die offene Verkündung, die bei den Verwandten des Propheten ﷺ begann, richtete sich nach der Offenbarung des folgenden Quranverses an die gesamte Menschheit:

„So tue kund, was dir befohlen wurde, und wende dich von den Götzendienern ab.“[2]

Nun wurden auch diejenigen Menschen zum Islam eingeladen, die von außerhalb nach Mekka kamen.

Erste Reaktionen und Folter

Die Quraisch hatten bereits zur Zeit der geheimen Verkündung vom Aufkommen einer neuen Religion erfahren. Sie schenkten dem aber wenig Beachtung, da sie davon ausgingen, dass es sich dabei lediglich um eine neue Strömung handele, die sich nicht etablieren würde. Sie gingen außerdem davon aus, dass diese Bewegung auf die Familie des Propheten Muhammed ﷺ beschränkt bleiben würde. Als bei einer Versammlung der Söhne Abdulmuttalibs jedoch einige Verwandte und Sklaven den Islam annahmen, begannen die Quraisch, sich Sorgen zu machen und nahmen bereits früh eine feindselige Haltung gegen die Anhänger des Islam ein.

Der Grund für diese Feindschaft lag in der Botschaft, die von der neuen Religion ausging. Diese war so grundlegend, dass sie die Grundwerte und Stützpfeiler der quraischitischen Gesellschaft umzustürzen drohte. Denn der Islam unterteilt die Menschen nicht nach ihrer Herkunft, ihrer wirtschaftlichen Situation oder der Position, die sie in der Hierarchie einer

1 111. Sure: El-Mesed, Verse 1-5.
2 15. Sure: El-Hidschr, Vers 94.

Gesellschaft einnehmen. Der Islam macht keinen Unterschied zwischen freien Menschen oder Sklaven. Kein Stamm und kein Volk stehen über einem anderen. Jeglicher Handel mit Götzenbildern ist verboten. Man soll sich nicht beliebig nach eigenem Gutdünken und eigenen Gelüsten benehmen, da jeder nach seinem Tod – am Jüngsten Tag – vor Allah dem Erhabenen Rechenschaft ablegen muss für alles, was er zu seinen Lebzeiten getan hat. Dies waren die ausschlaggebenden Gründe der Quraisch für ihre feindselige Haltung gegenüber den Muslimen. Sie hatten schlicht und einfach kein Interesse, die vermeintlichen Freiheiten, die ihnen ihre jetzige Lebensweise bot, gegen ein – nach ihrem Verständnis – lustloses Dasein einzutauschen. Wieso sollte sich ihr Leben ändern? Wieso sollten sie solch einer Veränderung zustimmen?

Die Reaktion der Quraisch war furchtbar und richtete sich zunächst gegen die Sklaven und Schwachen unter den Muslimen. Arme und Schutzlose wie Ammar – einer der frühesten Gefährten des Propheten, dessen Vater Yasir رضي الله عنه und seine Mutter Sumeyye رضي الله عنها, sowie der abessinische Sklave Bilal رضي الله عنه und der arabische Sklave Habbab رضي الله عنه waren die ersten, die die harte Hand der Quraisch zu spüren bekamen. Sie wurden auf grausamste Weise gefoltert. Sie wurden geprügelt, ausgepeitscht, auf glühend heißen Sand gelegt und mit heißen Steinen bedeckt. Sie litten tagelang an Hunger und Durst. Einige, die diese Folter nicht mehr ertrugen, starben den Märtyrertod. Der erste Märtyrer unter den Männern war Yasir رضي الله عنه. Auch seine Frau Sumeyye رضي الله عنها wurde zu Tode gefoltert. Sie wurde von Ebu Dschehl – einer der führenden Persönlichkeiten unter den Quraisch – getötet und war damit die erste Frau, die den Märtyrertod starb.

Die Gräuel, die die Sklaven und Schutzlosen unter den Muslimen zu ertragen hatten, steigerten sich von Tag zu Tag. Die wenigen wohlhabenden Muslime zeigten dabei ein beispielhaftes Verhalten, indem sie die muslimischen Sklaven aufkauften und sie so vor Folter und Tod retteten und schließlich freiließen.

Für die Quraisch war die Verfolgung der Sklaven und schutzlosen Muslime nur der Beginn einer groß angelegten Aktion, die jetzt auch auf die restlichen Muslime ausgeweitet werden sollte. Durch das systematische Foltern sollten die Muslime zur Rückkehr zur Religion ihrer Vorväter gezwungen werden. Auf diese Weise sollte die Ausbreitung des Islam endgültig eingedämmt werden.

Den Muslimen war es jedoch untersagt, Gewalt anzuwenden, nicht einmal zu Verteidigungszwecken. Sie hatte keine Erlaubnis dazu von Allah, und zum anderen war ihre Zahl noch zu gering. So ertrugen sie geduldig das Leid, das ihnen zugefügt wurde, und suchten Trost in den Offenbarungen, die Allah zu dieser Zeit herabsandte:

„Harre denn geduldig aus, bis das Urteil deines Herrn ergeht, und gehorche keinem von ihnen, der ein Sünder oder ein Ungläubiger ist. Und gedenke des Namens deines Herrn morgens und abends und während eines Teils der Nacht. Und wirf dich vor Ihm nieder und lobpreise Ihn die lange Nacht hindurch.“[1]

Die Muslime mussten also die Torturen erdulden und einen qualvollen Tod unter Folter in Kauf nehmen. Sie mussten das Unerträgliche ertragen, um ihren Glauben zu stärken und als Märtyrer Einlass ins Paradies zu erhalten. Und sie mussten Geduld aufbringen, um durch ihre Standhaftigkeit die Anstrengungen der Götzenanbeter zum Scheitern zu bringen. Und dies taten sie auch. Der treue Gefährte des Propheten Uthman ibn Affan رضي الله عنه wurde von seinem eigenen Onkel in Ketten gelegt, damit er dem Islam abschwor. Doch Uthman رضي الله عنه ertrug die Erniedrigung. ohne sich aufzulehnen und ohne vom Glauben abzufallen. Der Prophetengefährte Zubeyr رضي الله عنه, den der Gesandte Muhammed ﷺ wohlwollend als seinen Jünger bezeichnete, wurde mit auf den Rücken gefesselten Händen in ein Zimmer voller Rauch geworfen. Obwohl er erst kurz vor dem Erstickungstod von seiner Mutter gerettet werden konnte, blieb er dennoch standhaft und gab den Forderungen der Götzenanbeter nicht nach. Der engste Freund des Gesandten Ebu Bekr رضي الله عنه wurde an den Prophetengefährten Talha رضي الله عنه gefesselt und so durch die Straßen Mekkas geschliffen und der Bevölkerung vorgeführt. Beide blieben jedoch beständig in ihrem Glauben und duldsam gegen die Erniedrigungen, und sie beugten sich nicht den Forderungen ihrer Peiniger. Die Anstrengungen der Polytheisten wirkten sich jedoch für diese kontraproduktiv aus, denn je mehr sie folterten, desto höher wurde die Zahl derjenigen, die den Islam annahmen.

Der Respekt und die Furcht der Polytheisten vor den Beni Haschim, der Familie des Propheten, und insbesondere vor seinem Onkel Ebu Talib, hinderte sie daran, den Gesandten Muhammed ﷺ direkt körperlich anzugreifen. Denn jeder Clanführer war verpflichtet, die Angehörigen seines Clans zu schützen. Jeder der Muhammed ﷺ etwas zugefügt hätte, hätte einen Krieg mit dem gesamtem Clan der Beni Haschim in Kauf nehmen müssen. Lediglich sein Onkel Ebu Leheb und später auch Ebu Dschehl

---

1 76. Sure: El-Insan, Verse 24-26.

(sein eigentlicher Name war Ebul Hakem Amr ibn Hischam; den Beinamen Ebu Dschehl – Vater der ignoranten Unwissenheit – erhielt er, weil er einer der erbittertsten Widersacher des Propheten Muhammed war) gingen verbal gegen den Propheten vor und steigerten sich in ihrem beleidigenden Verhalten derart, dass sie zum beispielsweise den Eingang seines Hauses mit Unrat beschmutzten.

Hamza رضي الله عنه nimmt den Islam an

Als der Prophet Muhammed ﷺ eines Tages am Safa-Tor in Mekka Ebu Dschehl traf, beschimpfte dieser ihn aufs übelste. Der Prophet ließ sich aber auf keinen Streit ein und ging stattdessen direkt nach Hause. Währenddessen kehrte sein Onkel Hamza رضي الله عنه von einer Löwenjagd zurück und wollte, bevor er nach Hause ging, zuerst der Tradition entsprechend die Kaaba umrunden. Eine alte Frau stellte sich ihm in den Weg und sagte: „O Hamza! Vater von Umare! Hättest du gesehen, was Ebul Hakem dem Sohn deines Bruders angetan hat... als sein Onkel hättest du all das nicht ertragen können!" Daraufhin fragte Hamza: „Was hat dieser Mann Muhammed angetan?" Die alte Frau antwortete: „Er hat ihn hier bedrängt und ihn dann beschimpft und beleidigt." Hamza war über diesen Angriff gegen seinen Neffen dermaßen erzürnt, dass er geradewegs zu dem Ort ging, wo sich Ebu Dschehl aufhielt. Ohne ein Wort zu sagen ging er auf Ebu Dschehl los und schlug ihm mit dem Bogen in seiner Hand auf den Kopf, sodass dieser zu Boden stürzte. „Hast du etwa gedacht, dass Muhammed schutzlos dasteht? Ich bin sein Beschützer, und von nun an gehöre ich seiner Religion an. Wenn jemand Einwände dagegen hat, soll er hervortreten. Hier bin ich."
Weder Ebu Dschehl noch sonst irgendeiner aus der Menge wagten es, etwas zu sagen. Mehr noch, Ebu Dschehl gestand sogar seinen Fehler offen ein und sagte: „Eigentlich habe ich es verdient, denn ich habe ihn beleidigt."
Anschließend ging Hamza zum Propheten Muhammed ﷺ und sagte ihm: „O Sohn meines Bruders! Ich bin nunmehr an deiner Seite. Erläutere mir deine Religion, damit auch ich meinen Glauben kenne", und schloss sich damit der Gemeinschaft der Muslime an.

Umer رضي الله عنه wird Muslim

Ein Teil der Polytheisten versammelte sich in Darun Nedwe, einem südwestlich der Kaaba gelegenen Ort. In der Zeit der Unwissenheit – der sogenannten Dschahiliyyeh, wie die vorislamische Epoche auf der Arabischen Halbinsel bezeichnet wird – gehörte es zum Brauch, dass sich die Führer der Quraisch in Darun Nedwe trafen, um hier über politische und aktuelle Themen zu beraten. Dieses Mal trafen sie sich, um ihr weiteres Vorgehen gegen die Muslime und den Propheten Muhammed ﷺ zu besprechen. Die quraischitischen Führer beschlossen auf dieser Versammlung, kurzen Prozess zu machen und den Propheten Muhammed ﷺ zu töten, um sich so endgültig der Muslime zu entledigen. Nachdem der Entschluss gefallen war, ging es nun darum, wie man das Ganze umsetzen sollte. Wer sollte die Tat vollbringen?

Ebu Dschehl versprach, denjenigen, der den Propheten Muhammed ﷺ umbringen würde, mit reichlich Gold, Silber und Kamelen zu entlohnen. Niemand traute sich aber, den Mord auszuführen und sich dadurch mit den Beni Haschim auf Kriegsfuß zu stellen, denn die Familienbande nahmen eine ganz besondere Stellung in der Tradition der Araber ein, und den Propheten Muhammed ﷺ zu töten, hätte bedeutet, sich mit seiner gesamten Sippe anzulegen. Unter den Anwesenden erhob Umer ibn El-Khattab, der eine durch Härte und Mut hervorstechende Persönlichkeit hatte, seine Stimme und sagte:

„Ich werde es tun. Ich werde seinen Kopf von seinem Körper trennen."

Die anderen Anwesenden waren höchst erfreut darüber und stachelten ihn weiter an: „Ja! Diese Aufgabe kannst nur du erfüllen, Umer. Los! Wir zählen auf dich."

Umer ibn El-Khattab gurtete sein Schwert, umrundete die Kaaba und machte sich zum Haus des Erkam رضي الله عنه auf. Auf dem Weg begegnete er dem Prophetengefährten Nuaym رضي الله عنه der ihn fragte: „Wohin gehst du Umer?" Umer antwortete: „Ich gehe Muhammeds Kopf abschlagen, weil er die Religion seiner Ahnen verlassen und die Quraisch gespalten hat."

Dies beunruhigte Nuaym رضي الله عنه. Er versuchte, Umer von seinem Vorhaben abzubringen, aber es war zwecklos. Umer hatte seinen Entschluss gefasst. Um Zeit zu gewinnen und den Propheten Muhammed ﷺ zu warnen, sprach Nuaym: „O Umer! Sorge dich besser erst einmal um deine eigene Schwester und deinen Schwager, bevor du dich um Muhammed kümmerst." Umer wusste bis dahin nicht, dass seine Schwester und sein Schwager bereits den Islam angenommen hatten. Wutentbrannt eilte er zum Haus seines Schwagers Said رضي الله عنه. Als er ankam, rezitierte der Prophetengefährte Habbab ibn Eret رضي الله عنه dort gerade die Sure Ta-Ha. Als er Umer bemerkte, versuchte er sich zu verbergen, doch Umer trat ein und fragte: „Was habt ihr da gerade rezitiert?“ Sein Schwager Said رضي الله عنه antwortete ängstlich: „Nichts. Wir haben uns lediglich unterhalten.“ Daraufhin wurde Umer noch zorniger. Er stieß seinen Schwager zu Boden. Als Fatima رضي الله عنها ihren Ehemann beschützen wollte, versetzte Umer ihr eine heftige Ohrfeige. Mit blutendem Gesicht blickte Fatima رضي الله عنها ihren Bruder an und schrie: „O Umer! Tu, was in deiner Macht steht. Schlage oder töte uns, wenn du willst, aber wisse, dass mein Mann und ich Muslime sind. Wir glauben an Allah und Seinen Gesandten und werden nicht von unserem Glauben ablassen.“

Umer zuckte zusammen. Dies hatte er nicht erwartet. Die Tatsache, dass seine Schwester die Größe gezeigt hatte, sich gegen ihn aufzulehnen und ihr Leben für ihren Glauben aufs Spiel zu setzen, hatte ihn zum Umdenken gebracht. Er bereute, dass er seine Schwester geschlagen hatte, ja er schämte sich dafür. Leiser sprechend bat er um das Blatt, von dem sie rezitiert hatten. Er nahm es, las den Inhalt und sagte: „Wie wahr und schön diese Worte doch sind!“ In diesem Augenblick kam Habbab رضي الله عنه aus seinem Versteck hervor und sagte: „O Umer! Ich schwöre bei Allah, dass der Prophet noch gestern Allah den Erhabenen darum gebeten hat, den Islam durch dich oder durch Ebu Dschehl zu stärken. Ich hoffe, dass du es bist, der von diesem Bittgebet profitiert.“

Mit gemischten Gefühlen machte sich Umer ibn El-Khattab zu Erkams Haus auf. Er hatte dem Propheten niemals zugehört; aber sollte man jemandem, den man zu töten beabsichtigt, nicht wenigstens einmal zugehört haben?

Ein Wachposten meldete den Muslimen im Haus, dass sich Umer näherte. Die Gefährten wurden schon unruhig und Hamza رضي الله عنه machte sein Schwert bereit, als der Prophet ﷺ plötzlich sagte: „Lasst ihn eintreten.“ Als Umer eintrat, fragte der Gesandte Allahs ﷺ: „Warum bist du hier her gekommen, o Umer?“ und sprach anschließend das folgende Bittgebet: „O Allah, verstärke den Islam mit Umer, dem Sohn Khattabs.“ Daraufhin sagte Umer: „Ich bin gekommen, um Allah, Seinen Gesandten und das, was der Gesandte Allahs gebracht hat, zu bestätigen.“

Somit legte Umer رضي الله عنه das Glaubensbekenntnis ab, wurde Muslim und einer der treuesten Gefährten des Propheten Muhammed ﷺ. Die Gefährten riefen den Tekbir: „Allahu ekber! Allahu ekber!“ (Allah ist am größten). Umer war gekommen um zu töten und wurde durch denjenigen zum Islam erweckt, den er zu töten beabsichtigt hatte.

Die Umkreisung der Kaaba durch die Muslime

Nachdem Umer رضي الله عنه den Islam angenommen hatte, wuchs in ihm der Wille, seine Härte und Stärke, für die er berühmt war, gegen die Polytheisten einzusetzen. Er sagte zum Propheten ﷺ: „O Gesandter Allahs! Herr unserer Herzen! Wieso verstecken wir uns eigentlich? Ich schwöre bei Allah, dass ich sogar in Anwesenheit der widerspenstigsten Götzendiener nicht davor zurückschrecken werde, das zu verkünden, was du mich gelehrt hast."

Dies sollte die Stunde der Wende und das Ende der Zeit der geheimen Verkündung sein. Der Prophet Muhammed ﷺ verließ mit seinen Gefährten Erkams Haus, und gemeinsam machten sie sich auf den Weg zur Kaaba. An der Kaaba angekommen trafen sie auf die Polytheisten. Diese erschraken, als sie den Propheten samt seiner Gefährten und Umer ibn El-Khattab sahen. Das war nicht das, womit sie gerechnet hatten, im Gegenteil. Sie hatten schon voller Hoffnung die Nachricht vom Tod des Propheten ﷺ erwartet. Die Angst saß ihnen im Nacken. Für einen Moment sammelten sie ihren Mut, und einer der Götzenanbeter sagte: „O Umer! Mit welcher Absicht bist du losgezogen? Und nun schau, womit du wiedergekommen bist!" Umer رضي الله عنه antwortete: „Ich zog los, ohne einen Glauben zu besitzen, und ich kam gläubig und mit dem Gesandten Allahs gemeinsam zurück. Wisset, dass ich jedem von euch, der sich erhebt, den Kopf abschlagen werde."

Nach dieser Aussage wagte es keiner der Polytheisten mehr, auch nur ein einziges Wort von sich zu geben, oder sich auch nur von seinem Platz zu erheben. Der Prophet Muhammed ﷺ und seine Gefährten umrundeten seelenruhig die Kaaba und verrichteten anschließend ihr Gebet.

Nachdem Umer رضي الله عنه den Islam angenommen hatte, begannen die Muslime nun, ihre Gebete öffentlich zu verrichten.

Die erste Hidschra: Das Königreich Aksum

Als die Verfolgung und die Grausamkeiten, denen die Muslime ausgesetzt waren, weitergingen und so groß wurden, dass sie nicht mehr auszuhalten waren, hielt der Prophet Muhammed ﷺ Ausschau nach einem Ort, wohin er die schwachen und schutzlosen Muslime schicken konnte, um sie vor weiteren Gräueln zu beschützen.

Arabien und Jemen boten den Muslimen keine Sicherheit. So entschied sich der Prophet Muhammed ﷺ, die Muslime ins Königreich Aksum, im heutigen Äthiopien, zu schicken. Negus Ashame, der Herrscher von Aksum, war Christ und ein barmherziger König, der allen Menschen wohlgesonnen war. Aus diesem Grund wurde im fünften Jahr der Prophetenschaft die erste Gruppe von Auswanderern, bestehend aus elf Männern und fünf Frauen, unter der Führung von Uthman ibn Muadh nach Aksum entsandt. Sie ließen ihr Hab und Gut und all ihre verwandten in Mekka zurück.

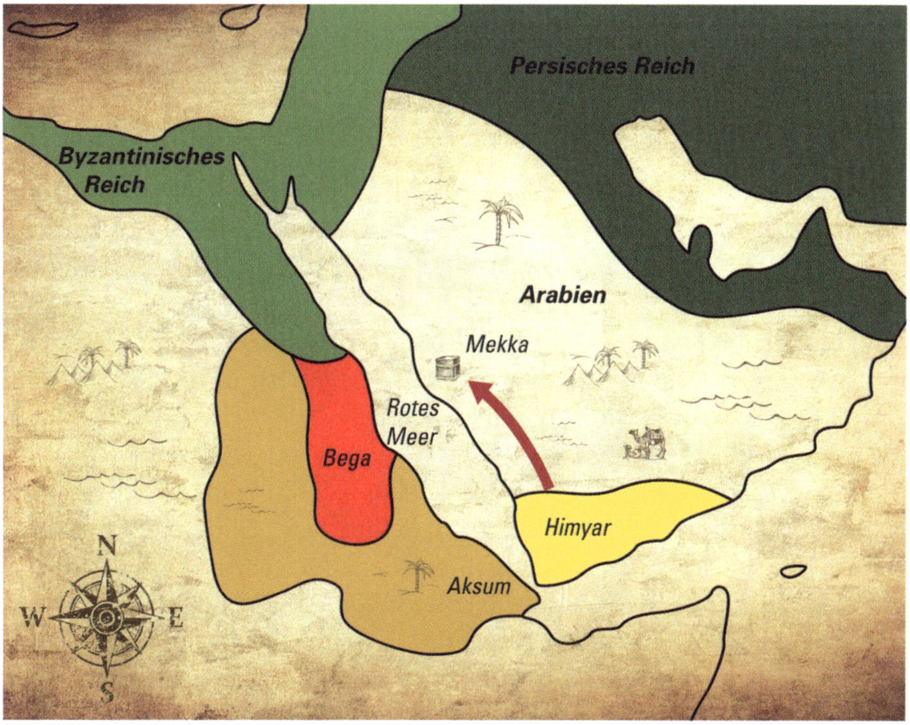

Erste Auswanderungswelle in das Königreich Aksum.

Hügellandschaft im heutigen Äthiopien.

Unter diesen ersten Auswanderern befanden sich auch der spätere Kalif Uthman ibn Affan رضي الله عنه und Rukiyye رضي الله عنها, die Tochter des Propheten.
Der Negus begegnete den Auswanderern mit Freundlichkeit. Er war ihnen wohlwollend zugetan und teilte ihnen Örtlichkeiten zu, an denen sie sich ansiedeln konnten. Einige Monate später folgte ihnen eine zweite Gruppe, bestehend aus 18 Frauen und 83 Männern unter der Führung von Dschafer, dem Sohn Ebu Talibs رضي الله عنه.

Als die Polytheisten erkannt hatten, dass die Muslime nach Aksum auswanderten, weil ihnen der Negus Schutz von Leib und Seele bot, entsandten sie eine mit Geschenken beladene Delegation unter Amr ibn El-As[1] رضي الله عنه und Ebu Rebia zum Herrscher von Aksum. Sie verleumdeten die Muslime, indem sie diese bezichtigten, schlecht über den Propheten Isa (Jesus) (a.s.) und seine Mutter Meryem (Maria) رضي الله عنها zu reden und forderten schließlich die Auslieferung der Muslime.

---

1 Amr ibn El-As رضي الله عنه nahm später den Islam an und wurde zu einem der größten Feldherrn der Muslime und Eroberer Ägyptens.

Der Negus ließ daraufhin Dschafer رضي الله عنه, den Führer der zweiten Gruppe, zu sich rufen und konfrontierte ihn mit den Vorwürfen der Polytheisten. Dschafer رضي الله عنه erzählte dem Negus vom islamischen Glauben und sagte ihm, was im Edlen Quran über den Propheten Isa عليه السلام und seine Mutter berichtet wird. Er rezitierte die ersten Verse der Sure Meryem und hielt eine beeindruckende Rede, mit der er den Negus davon überzeugte, dass das, was die Polytheisten behaupteten, nicht wahr ist. Nachdem der Negus sich alles angehört hatte, sagte er: „Es ist ganz offensichtlich, dass diese Religion und die Religion, die Isa verkündete, ein und derselben Quelle entspringen."
Mit diesen Worten machte er die Hoffnungen der Polytheisten auf eine Auslieferung der muslimischen Auswanderer zunichte.

Jahre des Boykotts

Die Tatsache, dass zum einen mit Hamza رضي الله عنه und Umer رضي الله عنه zwei der charismatischsten Persönlichkeiten Mekkas den Islam angenommen hatten und zum anderen die muslimischen Auswanderer im Königreich Aksum den Schutz des Herrschers genossen und daher ungestört ihre Religion ausleben konnten, ärgerte die polytheistischen Mekkaner ungemein. Vor allem Ebu Dschehl war all dies ein Dorn im Auge. Denn obwohl die Polytheisten die Muslime durch Folter und Erniedrigung terrorisiert hatten und dem Propheten Muhammed ﷺ arg zusetzten, schafften sie es nicht, sie zur Abkehr vom Islam zu bewegen. Daher beabsichtigten sie, den Propheten auf diplomatischem Weg – ohne die Söhne Abdulmuttalibs zu verärgern – zu isolieren und damit seiner Tätigkeit endgültig Einhalt zu gebieten. Sie forderten daher von Ebu Talib, dem Oberhaupt der Haschimiten, den Schutz, den sein Clan dem Propheten ﷺ gewährte, aufzuheben. Als Ebu Talib diese Forderung ablehnte, schickten ihm die Polytheisten eine Delegation, die ihm offen drohte: „O Ebu Talib! Du bist ein ehrenhaftes und angesehenes Mitglied unserer Gemeinschaft. Wir hatten dich daher gebeten, deinem Neffen Einhalt zu gebieten, aber du hast abgelehnt. Wir können nicht mehr tolerieren, dass er über unsere Vorfahren herzieht, unsere Kundigen als Unwissende bezeichnet und auf den Gott Lat, den Gott Uzza und auf unsere anderen Götter herabblickt. Entweder hältst du deinen Neffen künftig davon ab, oder wir werden gegen euch kämpfen, bis eine von beiden Gruppen vernichtet ist."
Als Ebu Talib auch dieser Drohung keine Beachtung schenkte, machten ihm die Polytheisten ein weiteres Angebot. Sie sagten zu Ebu Talib: „Wir werden

Umare ibn Welid in deine Dienste stellen. Er ist der tapferste junge Mann der Quraisch. Nimm ihn unter deinen Schutz und er wird dir treu dienen. Und gib uns für ihn Muhammed und trete uns zudem das Recht auf sein Blutgeld ab.“ Ebu Talib reagierte sichtlich empört auf dieses Angebot: „Was beabsichtigt ihr doch für einen üblen Handel? Ihr wollt mir wirklich euren Sohn geben, damit ich ihn ernähre und großziehe, und ich soll euch dafür meinen Sohn geben, damit ihr ihn tötet?“ So verließ die Delegation Ebu Talib, ohne ihr Ziel erreicht zu haben.

Für die Quraisch war die Sache ganz klar. Es war die Familie des Propheten Muhammed ﷺ, die ihm Schutz gewährte und ihm somit freie Hand in seinem Tun ließ. Denn abgesehen von Ebu Leheb standen alle seine Verwandten – unabhängig davon ob sie Muslime waren oder nicht – für ihn ein. Die Quraisch wollten aber nach wie vor keinen Krieg gegen die Haschimiten riskieren. Daher beschlossen sie, diesen Konflikt anders auszutragen. Alle Familien sollten sich gegen den Clan der Haschimiten vereinigen und diese gemeinschaftlich sanktionieren. Keiner durfte jemanden von den Beni Haschim heiraten, niemand durfte mit ihnen reden, Handel treiben, ihre Kranken besuchen oder den Angehörigen eines Verstorbenen sein Beileid aussprechen. Diesem Boykott hatten sich auch alle Besucher, die nach Mekka kamen, anzuschließen. Die Vereinbarung wurde niedergeschrieben und am Umhang der Kaaba befestigt.

Diese grausame Praktik der Quraisch brachte die Beni Haschim in eine katastrophale Lage. Sie konnten nicht auf den Markt gehen um Nahrungsmittel zu kaufen. Weithin war das Weinen hungernder Kinder und Babys zu vernehmen. Die Mütter versuchten, ihre Kinder zu vertrösten, indem sie in den Töpfen Steine kochten und so den Hunger der Kleinen abzulenken versuchten. Der Zusammenhalt, den die Beni Haschim in dieser Zeit an den Tag legten, ist bewundernswert. Denn einem Propheten, an dessen Gesandtschaft man nicht glaubt, drei Jahre lang trotz aller Erschwernisse ohne Verzagen beizustehen und ihn vor jeder Gefahr zu schützen, nur weil er ein Verwandter ist, ist ein Beispiel sondergleichen.

Dieses vorbildliche Verhalten brachte einige Familien der Quraisch zum Umdenken. Sie erkannten die Unmenschlichkeit, die hinter diesem Boykott stand. Sie brachen das Abkommen, dass sie vereinbart hatten und halfen den Haschimiten, indem sie ihnen Nahrungsmittel lieferten.

Das Boykottabkommen, das die Quraisch am Umhang der Kaaba befestigt hatten, war in der Zwischenzeit von Motten befallen worden. Diese hatten nahezu die gesamte Niederschrift gefressen, lediglich das Wort „Allah" war auf dem einstigen Vertragswerk unberührt geblieben. Dieses Wunder wurde dem Propheten Muhammed ﷺ in einer Offenbarung mitgeteilt. Er berichtete zugleich seinem Onkel Ebu Talib davon. Als Ebu Talib dies den quraischitischen Polytheisten erzählte, glaubten sie ihm zuerst nicht. Erst als sie den Aushang des Abkommens kontrollierten und es mit eigenen Augen sahen, konnten sie es nicht mehr abstreiten. Erschrocken und fassungslos stammelten sie lediglich: „Das ist Zauberei, das ist Zauberei!"

Das Jahr der Trauer

In dieser Zeit ereilten den Propheten innerhalb eines Jahres zwei Schicksalsschläge hintereinander. Sie waren für den Gesandten Allahs so schmerzhaft, dass dieses Jahr später als das „Jahr der Trauer" bekannt wurde. Er verlor die beiden Personen, die ihm am nächsten standen und ihm stets eine Stütze gewesen waren. Der eine war sein Onkel Ebu Talib. Es ist umstritten, ob Ebu Talib je Muslim geworden ist. Es steht aber außer Frage, dass er sich, wie ein Schutzschild, stets behütend vor seinen Neffen gestellt hat. Es ist außerdem bekannt, dass er offen verkündete: „Wer Muhammed schaden will, kommt nur über meine Leiche an ihn heran!" Die andere Person war Khadidscha رضي الله عنها, seine Ehefrau und die erste Frau, die den Islam angenommen hatte. Sie stand dem Propheten mit ihrem ganzen Besitz und ihrer ewigen Treue stets tatkräftig zur Seite und versuchte mit ihrer liebenswürdigen Art jedes Leid, das ihm zugefügt wurde, zu lindern.

Nach dem Tod von Khadidscha رضي الله عنها und Ebu Talib verstärkten die Polytheisten noch den Druck auf die Muslime. Sie gingen sogar so weit, dass sie die Wege, auf denen der Prophet zu gehen pflegte, mit dornigen Sträuchern verstellten und ihn mit den Eingeweiden von Tieren bewarfen, während er aß oder sein Gebet verrichtete. Einmal wurde einer der Polytheisten sogar handgreiflich und versuchte, den Propheten zu erwürgen. Sein treuer Gefährte Ebu Bekr رضي الله عنه eilte ihm zur Hilfe, befreite ihn aus den Händen dieses Mannes und schrie: „Wollt ihr etwa einen Mann umbringen, weil er sagt: ‚Mein Herr ist Allah'?"

Die Reise nach Taif

Die Atmosphäre in Mekka hatte sich nach dem Tod Ebu Talibs für die Muslime und den Propheten Muhammed ﷺ aufs dramatischste verändert. Der Druck auf die Muslime wuchs von Tag zu Tag weiter. Der Gesandte Allahs ﷺ war sich nun endgültig sicher, dass es in Mekka keine Sicherheit mehr für die Gläubigen gab und dass ihm jede Möglichkeit zur Verkündung des Islam verwehrt werden würde. Er musste also einen anderen Ort finden, wo die Muslime ihren Glauben ohne Furcht vor Unterdrückung ausleben konnten. Zu diesem Zweck besuchte er einige Stämme, die in der Nähe Mekkas ansässig waren, und erzählte ihnen vom Islam. Die Reaktion der Stammesoberhäupter war jedoch durchweg ablehnend. Sie fragten ihn, warum denn seine Verwandten sich nicht seiner Religion angeschlossen hätten, wenn seine Botschaft doch so segensreich sei. Der Prophet ließ sich aber von dieser abweisenden Haltung nicht entmutigen.
Er reiste weiter nach Taif, einer Stadt, die sich 85 Kilometer südöstlich von Mekka befindet. Auf einer steilen Anhöhe errichtet, war Taif berühmt für seine Weinberge, die zum größten Teil den Quraisch gehörten. Daher bestand auch zwischen den Quraischiten und der Bevölkerung von Taif ein inniges, freundschaftliches Verhältnis. Als der Prophet Taif betrat, begann er sofort damit, der Bevölkerung den Islam zu verkünden. Er führte Gespräche mit den Oberen der Stadt und rief sie auf, dem Götzenkult abzuschwören und nur Allah als einzigen Gott zu verehren. Die Einwohner Taifs waren aber – wie die Quraischiten auch – Polytheisten. Sie nahmen daher die Botschaft des Gesandten erst argwöhnisch auf, machten sich dann lustig über ihn und gingen schließlich dazu über, ihn zu beleidigen. Die Sklaven der Oberen, der Pöbel der Stadt und die Kinder Taifs beschimpften den Propheten, bewarfen ihn mit Steinen und ließen nicht von ihm ab, bis er die Stadt wieder verlassen hatte.
Völlig erschöpft suchte der Prophet ﷺ Zuflucht im Weinberg von Utbe und Scheybe ibn Rebia. Hier arbeitete ein Sklave Utbes, der den Propheten völlig entkräftet vorfand und seinen Herrn um Erlaubnis bat, dem Fremden einige Trauben bringen zu dürfen. Er reichte sie dem Gesandten und sagte: „Du bist sicher hungrig. Hier, ich habe dir Trauben gebracht.“ Der Prophet sprach zuerst die Besmeleh und begann dann, von den Trauben zu essen. Addas horchte auf. Etwas wie die Besmeleh hatte er noch nie zuvor gehört.

Als er dies dem Propheten sagte, fragte ihn der Gesandte Allahs: „Wer bist du? Woher kommst du?“ Er antwortete: „Mein Name ist Addas. Ich komme aus Ninive. Ich bin der Sklave von Utbe.“ Daraufhin sagte der Prophet: „Aus Ninive kommst du also. Der Heimat von Yunus, dem aufrichtigen Menschen.“ Addas war erstaunt. „Woher kennst du Yunus?“, fragte er. Der Prophet antwortete: „Yunus ist mein Bruder. Er war ein Prophet. Ich bin auch ein Prophet.“ Addas konnte seine Verwunderung nicht verbergen. Niemand hier kannte Yunus. Nun hatte er, fernab der Heimat und in Sklaverei geraten, nicht nur jemanden gefunden, der wusste, wer der Prophet Yunus ist – nein, dieser Fremde behauptete zudem noch von sich, ebenfalls ein Prophet zu sein. Nun ging alles sehr schnell. Spontan und ohne direkte Aufforderung nahm Addas den Islam an, indem er sagte: „O Prophet! Ich glaube dir.“
Trotz aller Entbehrungen und dem Leid, das er in Taif erdulden musste, kehrte der Prophet ﷺ mit der Genugtuung zurück, dass Addas رضي الله عنه Muslim geworden war.

Prophetische Wunder (Mu'dschizeh)

Mu'dschizeh, prophetische Wunder, sind außergewöhnliche und übernatürliche Ereignisse, die mit der Erlaubnis Allahs des Erhabenen von Propheten bewirkt werden, um damit ihr Prophetentum zu bestätigen. Eine Besonderheit der prophetischen Wunder ist es, dass sie einen Bezug zu den wichtigen Erkenntnissen ihrer Zeit aufweisen. So genoss beispielsweise in der Zeit des Propheten Musa[1] عليه السلام die Magie große Popularität. Zu den Wundern des Propheten Musa عليه السلام gehört, dass sich sein Stab in eine Schlange verwandelte und anschließend die Stricke und Stäbe der Magier des Pharaos verschlang, oder dass er das Meer teilte, damit das Volk Israel sicher das Rote Meer überqueren konnte. Die Wunder des Propheten Isa[2] عليه السلام standen hingegen in Beziehung zu der – für die damalige Zeit – fortgeschrittenen medizinischen Entwicklung. So heilte er Blinde und Aussätzige und erweckte Tote wieder zum Leben.
In der Zeit des Propheten Muhammed ﷺ erlebte die arabische Sprache und die arabische Lyrik gerade ihre Blütezeit. Dieses war das Resultat einer jahrhundertelangen Entwicklung. Die talentiertesten Dichter der Arabischen Halbinsel wetteiferten um die Gunst der anspruchsvollen Zuhörer und den

1 Moses
2 Jesus

Titel des besten Poeten der arabischen Sprache. Besonders Mekka war nicht nur ein Wallfahrtsort für die Götzendiener, sondern auch Anziehungspunkt für die besten Lyriker, die sich hier im Wettbewerb miteinander messen konnten. Als die Araber nun die Verse des Edlen Quran vernahmen, versetzte sie das in tiefes Erstaunen. So etwas hatten sie noch nie zuvor gehört. Die beeindruckende literarische Beschaffenheit des Edlen Quran übertraf alles, was bis dahin vorgetragen worden war. So konnten die Polytheisten nicht umhin, zuzugeben, dass diese Worte nicht von einem Menschen stammen konnten. Und wenn sie auch, trotz dieses Wunders, dem Propheten nicht glaubten, so waren sie doch sprachlos in Anbetracht der Einzigartigkeit des Edlen Quran.

Zu den weiteren Wundern des Propheten Muhammed ﷺ zählen unter anderem, dass sich der Mond vor den Augen seiner Freunde und Widersacher in zwei Teile spaltete und dass er während einer Wasserknappheit seine Gefährten mit Wasser speiste. Er sagte außerdem die Niederlage der Polytheisten und die Eroberung Mekkas sowie den Märtyrertod der treuen Gefährten Umer رضي الله عنه und Uthman رضي الله عنه voraus.

Die Wunder der Isra und Mi´radsch

All das Leid, dass der Prophet Muhammed ﷺ während der Zeit des Boykotts und im „Jahr der Trauer“ erdulden musste, hatte ihn sehr betrübt. Die schlimme Erfahrung von Taif sowie die Bedrängnis, in der er sich durch die anhaltenden Grausamkeiten der Quraischiten befand, verstärkten diese Trauer nur noch. Doch Allah der Erhabene ist der Helfer der Bedrängten, und so half Er seinem Gesandten und stimmte ihn wieder froh. In der 27. Nacht des Monats Redscheb kam der Engel Dschibril عليه السلام mit einem Reittier namens Buraq zum Propheten Muhammed ﷺ. Das Reittier brachte den Propheten in dieser Nacht von der Mesdschidul Haram in Mekka zur Mesdschidul Aqsa nach Jerusalem. Diese Reise wird als „Isra“ bezeichnet. Im Edlen Quran heißt es hierzu:

„Gepriesen sei Der, Der Seinen Diener bei Nacht von der geschützten Gebetsstätte zur fernsten Gebetsstätte, deren Umgebung Wir gesegnet haben, reisen ließ, auf dass Wir ihm (einige) Unserer Zeichen zeigten. Wahrlich, Er ist der Allhörende, der Allsehende.“[1]

---

1 17. Sure: El-Isra, Vers 1.

El-Aqsa-Moschee und Felsendom.

Anschließend durchquerte der Prophet ﷺ auf eine Weise, die uns nicht bekannt ist, die sieben Himmel, sah Allah den Erhabenen und sprach mit Ihm ohne einen Vermittler, und kehrte danach wieder zur Erde zurück.

Diese „nächtliche Himmelsfahrt" wird auch „Mi´radsch" genannt. Der Gesandte Allahs beschrieb diese Reise folgendermaßen:

„Während ich mich beim Haus Allahs befand, in einem Zustand zwischen Schlaf und Wachsamkeit, erkannte ein Engel mich zwischen zwei anderen Männern liegend. Da wurde zu mir ein Waschbecken aus Gold gebracht, angefüllt mit Weisheit und Glauben. Dann wurde mein Oberkörper von der Kehle bis zum unteren Teil des Bauches geöffnet. Danach wurde mir das Innere meines Bauches mit Zemzem-Wasser gewaschen. Anschließend wurde er mit Weisheit und Glauben gefüllt und man brachte ein weißes Reittier zu mir, das kleiner als ein Maultier und größer als ein Esel war: den Buraq. Dann eilte ich zusammen mit Dschibril (auf dem Buraq) dahin, bis wir den untersten Himmel erreichten." Dort wurde Dschibril von den Engeln gefragt: „Wer bist du?" Er antwortete: „Dschibril!" Sodann fragten die Engel: „Wer ist bei dir?", und er antwortete: „Muhammed!" Dann fragten die Engel: „Wurde er schon entsandt?“ Dschibril antwortete: „Ja!“ Worauf die Engel sprachen: „Willkommen sei er! Und was für eine schöne Ankunft dies doch ist!“ Der Prophet ﷺ berichtete weiter: „Dann kam ich zu Adem und begrüßte ihn mit dem Selam, und er sagte: ‚Willkommen seist du, Nachkomme und Prophet!‘

Danach kamen wir in den zweiten Himmel. Dort wurde wieder von den Engeln gefragt: ‚Wer bist du?‘ und er antwortete wieder: ‚Dschibril!‘ Da wurde von den Engeln gefragt: ‚Wer ist bei dir?‘ Er antwortete: ‚Muhammed, Allahs Segen und Friede seien auf ihm!‘ Dann wurde er gefragt: ‚Wurde er schon entsandt?‘, und Dschibril antwortete: ‚Ja!‘, und die Engel sagten: ‚Willkommen sei er! Und was für eine schöne Ankunft dies doch ist!‘ Sodann kam ich zu Isa und Yahya. Sie sagten zu mir: ‚Willkommen seist du, Bruder und Prophet!‘“

Als nächstes kam der Prophet Muhammed ﷺ in den dritten Himmel. Auch hier wiederholten sich die Fragen der Engel und die Antworten von Dschibril عليه السلام, und Muhammed ﷺ traf hier auf den Propheten Yusuf عليه السلام, der ihn ebenfalls als seinen Bruder und als Propheten begrüßte.

Ebenso war es im vierten Himmel, wo Muhammed ﷺ auf den Propheten Idris عليه السلام traf, und im fünften Himmel, wo er dem Propheten Harun begegnete. Im sechsten Himmel traf er den Propheten Musa عليه السلام.

Als der Prophet Muhammed ﷺ den Propheten Musa عليه السلام mit dem Friedensgruß begrüßt hatte, sagte auch dieser zu ihm: „Willkommen seist du, Bruder und Prophet!“ Muhammed ﷺ berichtete darüber: „Als ich ihn hinter mir gelassen hatte, weinte er. Da wurde gefragt: ‚Warum weinst du?‘ Und Musa antwortete: ‚O mein Herr! Dieser junge Mann, der nach mir entsandt wurde, betritt das Paradies mit seiner Ummeh, die vorzüglicher ist als meine Ummeh, die das Paradies betritt!‘“

Schließlich kamen der Prophet Muhammed ﷺ und der Engel Dschibril عليه السلام in den siebten Himmel. Nach der erneuten Befragung durch die Engel traf Muhammed عليه السلام den Propheten Ibrahim عليه السلام, der ihn als Nachkommen und Prophet begrüßte. Doch nun sah Muhammed noch weitere, ganz besondere Zeichen: „Da tauchte vor mir das Beytul Ma'mur (das ‚volkreiche Haus‘) auf. Ich fragte Dschibril, was dies sei. Da antwortete er mir: ‚Dies ist das Beytul Ma'mur, bei dem jeden Tag 70.000 Engel beten. Wenn sie es verlassen, kehren sie nie wieder zu ihm zurück, sondern es kommen jeden Tag andere Engel.‘ Dann tauchte vor mir der Sidretul Munteha (der ‚letzte Lotosbaum‘, der das Ende der sieben Himmel und das Ende des menschlichen Vorstellungsvermögens symbolisiert) auf. Und plötzlich waren dessen Früchte so groß, als ob sie Tonkrüge aus Hedschr (einer Stadt in Arabien) wären, und seine Blätter waren so groß, als ob sie die Ohren von Elefanten wären. Am Grunde seines Stamms entsprangen vier Flüsse: zwei verborgene und zwei offene. Ich fragte Dschibril danach, und er antwortete: ‚Was die Verborgenen betrifft, so fließen diese im Paradies, und was die Offenen betrifft, so sind dies der Nil und der Euphrat.'"[1]

Die Polytheisten versuchten, den Bericht über die Himmelsreise für ihre eigenen Zwecke ausnutzen. Je mehr sie aber den Gesandten Allahs ﷺ zu diffamieren versuchten, desto stärker begannen sich die Menschen für den Propheten zu interessieren, wollten ihn kennenlernen, hörten dem Edlen Quran zu und eigneten sich Wissen über die islamische Religion an.

Das Abkommen von Aqabe

Trotz aller Schwierigkeiten ließ sich der Prophet nicht davon abhalten, den Menschen weiterhin den Islam zu verkünden; auch jenen, die von auswärts nach Mekka kamen. Unter solchen hatten sich sechs Männer aus Yathrib (Medina) mit dem Propheten in Aqabe, einem Vorort Mekkas, getroffen. Diese hatten den Islam angenommen und vereinbarten mit dem Propheten, sich nächstes Jahr zur Pilgerzeit am gleichen Ort wiederzutreffen. Zurück in Yathrib, berichteten sie den Einwohnern ihrer Heimatstadt vom Propheten Muhammed ﷺ und ihrer neuen Religion. Als sie sich dann im nächsten Jahr wie vereinbart wieder mit dem Gesandten Allahs trafen, waren sie bereits zwölf Männer. In Aqabe schlossen sie mit dem Propheten ein Abkommen. Sie hielten seine Hand und gelobten dabei, Allah keine Götter beizugesellen, nicht zu stehlen, keine Unzucht zu begehen, ihre Töchter nicht zu töten, niemanden zu verleumden und Allah und seinem Gesandten stets gehorsam zu sein. Dieses Abkommen wird in der islamischen Geschichte als das „erste Abkommen von Aqabe" bezeichnet.
Diese Prinzipien sollten in der gesellschaftlichen Struktur der damaligen Zeit große Veränderungen bewirken. Sie leiteten einen neuen Lebensstil ein, der den Muslimen Frieden und Glückseligkeit sichern sollte. Bis dahin war es nämlich eine gängige Tradition, dass Töchter im Säuglingsalter von ihren Vätern lebendig begraben wurden. Starke

1 Wiedergegeben nach: Bukhari: Bed'ul Khalq: 6: „Dhikrul Mela'keh"; Nr. 3207.

konnten nach eigenem Gutdünken über Schwache verfügen; Unzucht war an der Tagesordnung und wurde als vollkommen legitim angesehen.

Nach dem Abkommen kehrten die zwölf Muslime in ihre Heimat zurück und begannen dort, den Islam zu verkünden. Nach einer Weile baten sie den Propheten Muhammed ﷺ, ihnen jemanden zu schicken, der ihnen den Edlen Quran rezitieren und die Feinheiten der islamischen Religion lehren sollte. Daraufhin sandte der Prophet Musab ibn Umeyr nach Medina. Er hatte sich für Musab entschieden, weil dieser ein begabter Redner war und alle bis dahin offenbarten Verse auswendig kannte. Musab entstammte einem reichen Elternhaus und war recht jung Muslim geworden. Seine Eltern versuchten ihn zur Abkehr vom Islam zu bewegen, folterten ihn sogar und gingen schließlich so weit, dass sie ihn enterbten. Musab aber hielt an seinem Glauben fest, kehrte dem Leben in Wohlstand den Rücken und wich nicht von der Seite des Propheten.
Musabs Eifer zahlte sich schon recht bald aus. Der Islam verbreitete sich sehr schnell in Yathrib. Im dreizehnten Jahr der Gesandtschaft, zur Zeit der Pilgerfahrt, begab sich Musab nach Mekka, um die Pilgerfahrt zu verrichten und dem Propheten über die Entwicklungen in Yathrib Bericht zu erstatten. Er kam in Begleitung von fünfundsiebzig Muslimen der Stämme Ews und Hazredsch, darunter zwei Frauen. Sie trafen sich mit dem Propheten Muhammed ﷺ in Aqabe. Die Muslime aus Yathrib beabsichtigten, den Propheten ﷺ in ihre Heimatstadt einzuladen.
Abbas, der Onkel des Propheten Muhammed ﷺ, der von dem Treffen erfahren hatte, erschien ebenfalls in Aqabe. Abbas wollte nicht, dass sein Neffe Mekka wie ein Vertriebener verlässt. Er wünschte sich, dass sein Neffe Yathrib mit aufrechtem Haupt betritt und wandte sich daher direkt an die Muslime aus Yathrib: „O Leute aus Yathrib! Ich hörte, dass ihr Muhammed nach Yathrib eingeladen habt. Ihr wisst, dass er sich in seiner Heimat unter dem Schutz seiner Familie befindet. Falls ihr nicht in der Lage sein solltet, euer Versprechen einzuhalten und ihn zu beschützen, wäre es besser, wenn ihr auf eure Einladung vorläufig verzichtet.“ Die Muslime aus Yathrib erwiderten:
„O Abbas! Wir haben dich verstanden. Wir wünschen mit dem Gesandten Allahs zu sprechen und nicht mit dir.“ Der Prophet ﷺ sagte zu ihnen: „Ihr sollt mich so beschützen wie ihr auch eure Ehefrauen und eure Kinder beschützt.“ Daraufhin antworteten die Muslime Yathribs: „O Gesandter! Wir versprechen dir bei Allah, unserem Schöpfer, dass wir dich und jeden

der mit dir gemeinsam kommt schützen und uns für euch einsetzen werden." Dies war das „zweite Abkommen von Aqabe".

Die Hidschra (Auswanderung)

Nach dem zweiten Abkommen von Aqabe wies der Prophet seine Gefährten an, Mekka zu verlassen und nach Yathrib auszuwandern. Die Muslime folgten seiner Anordnung und schlossen ihre Vorbereitungen zur Ausreise heimlich ab, vertrauten ihre Häuser und ihren Besitz ihren Verwandten an und machten sich dann in kleinen Gruppen unbemerkt auf den Weg. Der Auszug der Muslime blieb aber nicht verborgen und die Quraisch bemerkten, dass die Gefährten des Propheten dabei waren, die Stadt zu verlassen. Die Polytheisten wurden nervös, als sie erfuhren, dass die Muslime im Begriff waren, nach Yathrib auszuwandern. Yathrib lag auf der Handelsroute nach Damaskus. Die mit Handelsgütern beladenen Kamelkarawanen der Quraisch mussten durch Yathrib bzw. an Yathrib vorbei. Die Quraisch sahen diese Handelsroute nun in Gefahr und fürchteten wirtschaftliche und politische Einbußen, falls diese Strecke irgendwann durch die Muslime gesperrt werden könnte. Daher versuchten sie, deren Auswanderung zu verhindern. Sie sperrten all jene, denen sie habhaft werden konnten, ein oder stellten sie unter Hausarrest. Dennoch gelang es vielen Muslimen, dem drohenden Zangengriff durch die Quraischiten zu entgehen.
Anders als die meisten Muslime versuchte Umer رضي الله عنه seine Absicht, auszuwandern, gar nicht zu verheimlichen. Im Gegenteil, er provozierte die Quraisch obendrein noch, indem er sie ganz offen herausforderte: „Wenn es unter euch jemanden gibt, der seine Mutter weinend, seine Kinder als Waisen und seine Ehefrau als Witwe zurücklassen möchte, der soll mich hinter diesem Tal einholen". Dann machte er sich auf den Weg.

Als Ebu Bekr رضي الله عنه den Propheten fragte, ob auch er auswandern dürfe, antwortete ihm dieser: „Gedulde dich! Vielleicht gibt Allah dir einen Freund mit." Ebu Bekr رضي الله عنه hatte diesen Hinweis verstanden. Er traf alle Vorbereitungen, kaufte zwei Kamele und wartete.

Die Polytheisten waren allerdings in der Zwischenzeit auch nicht tatenlos geblieben. Die Clanoberhäupter der Mekkaner trafen sich in ihrem

Versammlungsort Darun Nedwe, um über das weitere Vorgehen zu beraten. Nach der Erörterung mehrerer Vorschläge, wie den Propheten einzusperren oder ihn zu verbannen, die allesamt abgelehnt wurden, übernahm schließlich Ebu Dschehl das Wort und sagte: „Lasst uns aus jedem Stamm einen kräftigen, jungen Mann auswählen. Sobald sich die Möglichkeit ergibt, sollen sie alle zusammen auf Muhammed losstürmen und ihn töten. Die Beni Haschim werden nicht wagen, es mit uns allen aufzunehmen. Sie werden sich bereiterklären müssen, Blutgeld anzunehmen. Wir zahlen dann das Blutgeld und sind damit mit einem Schlag Muhammed und das Problem Yathrib los." Der Vorschlag von Ebu Dschehl wurde angenommen. Die Quraischiten begannen daraufhin, den Propheten ﷺ beschatten zu lassen, während sie in der Zwischenzeit die Vorbereitungen für das Attentat trafen. Im Edlen Quran heißt es:

„Und jene, die die Wahrheit leugneten, schmiedeten gegen dich Pläne, um dich gefangen zu nehmen, dich zu töten oder zu vertreiben. Sie haben Pläne geschmiedet, aber auch Allah schmiedete Pläne, und Allah ist der beste Planschmied." [1]

Allah der Erhabene, Der im Bilde aller Ereignisse ist, teilte dem Propheten die Machenschaften der Quraisch mit und erteilte ihm die Erlaubnis, nach Yathrib auszuwandern. Der Prophet Muhammed ﷺ benachrichtigte daraufhin Ebu Bekr und sagte ihm, dass er sich bereitmachen solle, um in der kommenden Nacht aufzubrechen. Im Besitz des Propheten befanden sich noch Leihgaben, die ihm einige Mekkaner anvertraut hatten. Diese mussten wieder an ihre Besitzer zurückgegeben werden. Der Prophet bat darum Ali رضي الله عنه, diese Leihgaben an ihre rechtmäßigen Besitzer auszuhändigen. Ali رضي الله عنه war Ebu Talibs Sohn, und damit der Cousin des Propheten. Dieser hatte Ali recht früh in seinen Haushalt aufgenommen. Ali رضي الله عنه trat bereits im Kindesalter zum Islam über und wurde zu einem der engsten Vertrauten des Propheten. Als der Engel Dschibril den Propheten warnte, die kommende Nacht nicht in seinem zu Bett verbringen, legte sich Ali رضي الله عنه statt diesem in das Bett des Propheten, in der Hoffnung, die Polytheisten damit zu täuschen und dem Propheten einen sicheren Aufbruch gewähren zu können.
Als es Nacht geworden war, hatten sich die Verschwörer bereits am Haus des Propheten ﷺ auf die Lauer gelegt. Dem Propheten Muhammed ﷺ war dies jedoch nicht entgangen – er hatte die Attentäter bereits bemerkt. Der

---

1 El-Enfal 8/30.

Prophet blieb aber trotz der offensichtlichen Gefahr völlig ruhig. Er öffnete die Tür und trat in die Nacht hinaus. Sobald er das Haus verlassen hatte, hob er eine Handvoll Erde auf, warf sie in Richtung der Attentäter, lief an ihnen vorüber und rezitierte dabei die folgenden Quranverse:

„Siehe, um ihre Nacken herum haben Wir Fesseln gelegt, die bis zum Kinn reichen, sodass ihre Köpfe hochgezwängt sind. Und Wir haben eine Schranke vor sie gesetzt und eine Schranke hinter sie, und Wir haben sie in Schleier eingehüllt, sodass sie nicht sehen können.“[1]

Die Attentäter bemerkten ihn nicht. Allah der Erhabene hatte Seinen Gesandten vor ihren Augen verborgen und ihn damit vor ihrer niederträchtigen Absicht bewahrt. Im Schutz der Dunkelheit gelangte der Prophet zum Haus seines treuen Gefährten Ebu Bekr رضي الله عنه. Dieser hatte ihn bereits erwartet. Unbemerkt von ihren Widersachern machten sie sich auf die Reise nach Yathrib. Sie zogen nach Süden, um eventuelle Verfolger auf eine falsche Fährte zu locken, während ihr eigentliches Ziel in nördlicher Richtung lag. Zudem hatten sie ihre Reittiere zurückgelassen, um jeden Anschein einer Flucht zu verschleiern. Gemäß ihrem Plan wollten sie zu einer Höhle in einem steil gelegenen Berg ziehen und hier einige Tage verweilen. Esma (r.anhuma), die Tochter Ebu Bekrs, sollte sie dann jeden Abend mit Proviant versorgen und Abdullah رضي الله عنه, der Sohn Ebu Bekrs, sollte sie über die Lage in Mekka informieren. Sobald die Gefahr vorüber war, sollte der Beduine Abdullah ibn Uraykit رضي الله عنه die Kamele bringen, mit denen der Prophet ﷺ und Ebu Bekr رضي الله عنه dann heil nach Yathrib gelangen würden.

Währenddessen hatten die Attentäter in Mekka das Haus des Propheten gestürmt. Als sie ihrem vermeintlichen Opfer im Bett den Todesstoß versetzten wollten, bemerkten sie, dass sich nicht etwa, wie erwartet, der Gesandte Allahs ﷺ in dem Bett befand, sondern dessen Cousin Ali رضي الله عنه. Erst jetzt verstanden sie, dass es dem Propheten ﷺ gelungen war, ihnen zu entwischen. Als die Oberen Mekkas die Nachricht vom Entkommen des Gesandten erhalten hatten, starteten sie sofort eine Suchaktion. Alle Wege die nach Medina führten wurden überwacht, jedes potenzielle Versteck kontrolliert. Die Stammesoberen setzten eine Belohnung für die Ergreifung des Propheten aus und bewirkten dadurch, dass viele Polytheisten sich eigenmächtig auf die Jagd nach dem Gesandten Allahs ﷺ

1 Yasin, 36/8-9.

machten. Die Verfolger zogen auch die Möglichkeit in Betracht, dass der Prophet Muhammed ﷺ nach Süden aufgebrochen sein könnte, und suchten daher auch alle möglichen Routen in diese Richtung ab. Die Fährtenleser der Quraisch stießen dabei tatsächlich auf die Spuren der Flüchtigen und konnten diese bis zu der Höhle, wo sich der Prophet und sein Gefährte versteckten, verfolgen.

Während die Verfolger den Eingang der Höhle inspizierten, konnten der Prophet Muhammed ﷺ und Ebu Bekr رضي الله عنه vom Inneren der Höhle aus ihre Stimmen hören und ihre Füße sehen. Ihre Verfolger waren ihnen ganz nah, und es schien nur eine Frage der Zeit zu sein, wann sie endlich einen Blick in die Höhle werfen würden. Ebu Bekr رضي الله عنه war angesichts der Gefahr sehr angespannt und konnte seine Nervosität kaum verbergen. Da sprach der Prophet Muhammed ﷺ zu ihm: „O Ebu Bekr! Hab keine Angst. Gewiss ist Allah mit uns." Aber die Verfolger wurden nicht fündig. Dazu heißt es im Edlen Quran:

„Wenn ihr ihm nicht beisteht, (so bedenkt) dass ihm bereits Allah geholfen hat als ihn die Ungläubigen vertrieben – als beide in der Höhle waren, und als er zu seinem Gefährten sprach: ‚Sei nicht traurig! Siehe, Allah ist mit uns'. Da sandte Allah Seinen großen Frieden auf ihn nieder und stärkte ihn mit Heerscharen, die ihr nicht saht. Und Allah machte das Wort der Ungläubigen unterlegen und Sein Wort überlegen. Und Allah ist mächtig und weise."[1]

Denn in der Nacht zuvor hatte Allah der Erhabene vor dem Eingang der Höhle einen Baum sprießen lassen. Eine Spinne hatte in dieser Nacht ihr Netz direkt im Eingang der Höhle gesponnen, und zwei Tauben hatten zwischen dem Baum und dem Spinnennetz ihr Nest gebaut. Das ganze vermittelte einen Zustand schon länger anhaltender Ungestörtheit. Als nun einer der Polytheisten den Vorschlag machte, auch das Innere der Höhle zu durchsuchen, wurde sein Vorschlag von den anderen abgelehnt: „Wären sie in die Höhle gegangen, so wäre das Spinnennetz zerstört worden und die Tauben wären weggeflogen."
Die Polytheisten gaben die Hoffnung auf, den Propheten hier auffinden zu können, denn die Spuren endeten am Eingang der Höhle. Schließlich kehrten sie um. So hatte Allah der Erhabene Seinen Gesandten und dessen Gefährten vor dem Unheil bewahrt.

1 Et-Tewbeh 9/40.

Als die Polytheisten abgezogen waren und die Gefahr vorüber war, brachte der Beduine Abdullah ibn Uraykit ؓ wie vereinbart die Reittiere, die Ebu Bekr ؓ für die Reise gekauft hatte. Auf ihnen setzten dann der Prophet ﷺ und Ebu Bekr ؓ ihre 400 Kilometer lange Reise nach Yathrib fort.
Als die beiden Reisegefährten Quba, einen Yathrib vorgelagerten Siedlungsort, erreicht hatten, verweilten sie dort 14 Tage. Der Prophet ﷺ ließ hier die erste Moschee in der islamischen Geschichte errichten.

Als sein Cousin Ali ؓ, der Mekka ebenfalls verlassen hatte, um nach Yathrib auszuwandern, sie in Quba erreicht hatte, setzten sie ihre Reise gemeinsam fort. Als sie zur Zeit des Mittagsgebets im Ranuna-Tal angelangt waren, verrichtete der Prophet Muhammed ﷺ hier das erste Mal das Freitagsgebet. Zuvor hatte bereits Musab ibn Umeyr, den der Prophet ﷺ als Lehrer nach Yathrib gesandt hatte, das Freitagsgebet nach Anweisungen des Propheten ﷺ geleitet.

Währenddessen warteten die Muslime Yathribs sehnsüchtig auf den Gesandten Allahs ﷺ. Sie hatten zwar mitbekommen, dass der Prophet

Mekka verlassen hatte, wussten aber nichts von dem Vorfall in der Höhle und dem Zwischenaufenthalt in Quba. Da sie noch immer keine Nachricht über seinen Verbleib erhalten hatten, begannen sie sich Sorgen zu machen. Die Muslime Yathribs stiegen auf die hohen Hügel der Stadt und begannen, Ausschau nach dem Propheten Muhammed ﷺ zu halten. Als schließlich die Nachricht erklang, dass der Gesandte Allahs ﷺ gesehen worden war, brachen die Muslime in Jubel aus. Die Mädchen von Yathrib schlugen vor Freude die Tamburine und trugen dabei ihre schönsten Gedichte vor, wie dieses, das unter dem Titel „Tala'al Bedru Aleyna" noch heute von den Muslimen gesungen wird:

„Der Vollmond ist über uns aufgegangen,
vom Pfad des Hügels Weda.
Dank obliegt uns,
für seine Einladung zu Allah.

O der du zu uns gesandt wurdest,
du kamst mit der Sache, der es zu gehorchen gilt.
Du kamst und verliehst dieser Stadt Ehre,
willkommen o bester Verkünder.

Du bist die Sonne, du bist der Mond,
du bist das Licht über dem Licht.
Du bist ein strahlender Stern,
o Geliebter, o Gesandter."

Alle wetteiferten darum, den Propheten ﷺ bei sich als Gast aufnehmen zu dürfen; jeder wollte ihn bei sich bewirten. Dies war aber natürlich nicht möglich. Um niemanden übergehen und dadurch kränken zu müssen, überließ der Prophet ﷺ die Entscheidung seinem Kamel. Er verkündete, bei demjenigen bleiben zu wollen, vor dessen Haus sich das Tier niederlassen würde. Sein Kamel wurde losgelassen und kniete schließlich vor dem Haus von Ebu Eyyub رضي الله عنه nieder. Der Prophet ﷺ blieb daraufhin insgesamt sieben Monate als Gast in dessen Haus.
Die Auswanderung, arabisch Hidschra genannt, hat einen besonderen Stellenwert für die Muslime. Die Werke, die der Prophet in Medina, wie Yathrib fortan genannt wurde, vollbringen sollte, symbolisierten nicht nur den Beginn eines neuen Zeitalters, sondern das Jahr der Hidschra gilt auch als Beginn der islamischen Zeitrechnung.

Das gesellschaftliche Leben im Medina der ersten Jahre

- Brüderlichkeit

In Medina legte der Prophet Muhammed ﷺ das Fundament für die Brüderlichkeit in der Religion. Dies geschah konkret am Beispiel der Muhadschirun, der Auswanderer aus Mekka (Einzahl: Muhadschir) und den Ensar, den ansässigen medinensischen Muslimen. Jeder der Ensar verbrüderte sich mit einem Muhadschir, nahm diesen in sein Haus auf und teilte mit ihm sein Hab und Gut. Gleichzeitig befriedete der Prophet ﷺ die lange währende Feindschaft zwischen den medinensischen Stämmen Ews und Hazredsch. Er schaffte jegliche Stammes-, Rassen- und Klassenunterschiede ab und zeigte den Menschen damit, dass die wahre Abstufung in der Gottesfurcht liegt.

- Wirtschaft

In Medina stellten die Juden die wohlhabendste Bevölkerungsgruppe dar. Während sie regen Handel trieben und sich intensiv in der Landwirtschaft engagierten, vergeudeten die arabischen Stämme ihre Ressourcen in nie enden wollenden Kämpfen. Dies änderte sich jedoch, als der Prophet Muhammed ﷺ nach Medina kam. Er brachte den verfeindeten Stämmen nicht nur den Frieden, sondern spornte sie zudem dazu an, ebenfalls in den Handel einzusteigen. Die erfahrenen Händler unter den muslimischen Auswanderern machten den Anfang, und viele brachten es in relativ kurzer Zeit zu einem ansehnlichen Vermögen.

Ein gutes Beispiel für solch eine Karriere war der Auswanderer Abdurrahman ibn Awf. Der Prophet Muhammed ﷺ hatte ihn mit dem Ensar Sa'd ibn Rebi verbrüdert. Sa'd nahm Abdurrahman in sein Haus auf. Als er auch sein Vermögen mit Abdurrahman teilen wollte, sagte ihm dieser: „Möge Allah angesichts deiner Großzügigkeit und deiner Gastfreundschaft zufrieden mit dir sein und dir dein Vermögen belassen. O mein Bruder Sa´d! Zeig mir doch einfach den Weg zum Markt."
Abdurrahman begann, selbst Handel zu treiben und wurde dadurch schon nach kurzer Zeit recht wohlhabend. Ein Großteil der Auswanderer nahm sich Abdurrahman zum Vorbild und begann ebenfalls Handel zu treiben, so etwa Ebu Bekr رضي الله عنه, der Tuchhandel betrieb oder Uthman رضي الله عنه, der mit Getreide handelte. Bei ihrer Arbeit hielten sie sich strikt an die islamischen

Gebote und Verbote, waren stets aufrichtig und hielten sich von jeglichem Zinsgeschäft fern. Dies führte schon bald dazu, dass die Polytheisten Medinas die Muslime als Handelspartner den Juden vorzogen.
Die Juden Medinas begannen die Muslime daher als Konkurrenten und als Gefahr für ihre wirtschaftliche Vorherrschaft zu betrachten und entwickelten so mit der Zeit eine Feindschaft gegen den Propheten und die Muslime.

- Organisation

Der Prophet ﷺ verbrachte den Großteil seiner Zeit in Medina damit, die Grundlagen für das islamische Gemeinwesen und die islamische Zivilisation zu legen. So kann man sagen, dass die Leistung eines jeden Jahres, das er in Medina verbrachte, der eines ganzen Menschenlebens entsprach. Das Fundament, das er dabei für den Bau der ersten Moschee in Medina legen ließ, symbolisiert gewissermaßen zugleich das Fundament für das erste islamische Gemeinwesen, das er in dieser Stadt begründete.

Medina in der Zeit des Propheten.

Edhan, der Gebetsruf

Der Bau der ersten Moschee in Medina, der Mesdschidun Nebewi, wurde in sieben Monaten beendet. Nun stellte sich aber die Frage, wie man die Gläubigen zum Gebet versammeln sollte. Sie mussten irgendwie benachrichtigt werden, sodass sich jeder rechtzeitig hinter dem Propheten zum Gemeinschaftsgebet einreihen konnte. Da hierzu keine Offenbarung herabgesandt wurde, versammelte der Prophet ﷺ seine Gefährten und fragte sie nach ihrer Meinung. Manche der Gefährten schlugen vor, die Gläubigen mit dem Läuten einer Glocke zu benachrichtigen, so wie es bei den Christen üblich ist. Andere hingegen empfahlen, wie bei den Juden, die Muslime durch den Stoß in eine Posaune bzw. in ein Horn zu rufen, und wieder andere schlugen vor, eine große Flamme zu entfachen, so wie es auch bei den Zoroastriern üblich war. Doch keiner dieser Vorschläge wurde angenommen. Da schlug Umer رضي الله عنه vor: „O Gesandter Allahs ﷺ, warum beauftragen wir nicht einfach jemanden, der die Muslime mit seiner Stimme zum Gebet ruft?" Daraufhin wandte sich der Prophet ﷺ zu Bilal – einem Abessinier, der noch als Sklave in Mekka zum Islam übergetreten war – und sagte: „Bilal! Ruf die Leute zum Gebet."

Bilal begann durch die Straßen Medinas zu laufen und die Muslime in die Moschee zu holen, indem er: „Auf zum Gebet, auf zum Gebet!" rief.

Eine Weile lang wurde dies so fortgeführt, bis die Gefährten Abdullah ibn Zeyd رضي الله عنه und Umer رضي الله عنه unabhängig voneinander einen Traum hatten, in dem sie einen Gebetsruf im genau gleichen Wortlaut hörten. Als sie dem Propheten von ihrem Traum berichteten, wies dieser Bilal رضي الله عنه an, die Muslime mit genau diesen Worten zum Gebet zu rufen. Bilal رضي الله عنه stieg auf das Dach eines hohen Hauses und rief den Edhan, den Gebetsruf der Muslime aus:

Allahu ekber,
Allahu ekber,
Allahu ekber,
Allahu ekber.
Eschhedu en la ilahe illa llah,
Eschhedu en la ilahe illa llah.
Eschhedu enne Muhammeden rasul Allah,
Eschhedu enne Muhammeden rasul Allah.
Hayya' alel salah,
Hayya' alel salah.
Hayya' alel falah,
Hayya' alel falah.
Allahu ekber, Allahu ekber.
La ilahe illa llah.

Noch heute erklingt der Edhan weltweit fünfmal täglich und ruft die Muslime zum Gebet.

Muedhin beim Edhan (Gebetsruf).

Die Ashabu Suffe

Der Prophet Muhammed ﷺ ließ neben der Moschee eine große Laube errichten, die tagsüber als Schule und in der Nacht als Schlafplatz für die armen und unverheirateten Muslime diente. Da die meisten Einwohner Medinas in der Landwirtschaft tätig waren, gab es nur wenige Menschen, die des Lesens und des Schreibens kundig waren. Daher wurden in dieser Laube die wissbegierigen Gefährten des Propheten unterrichtet. Sie trugen durch ihre Aneigung von Wissen dazu bei, den Bildungstand der muslimischen Gemeinschaft zu erhöhen. Diese Schule wurde „Suffe“ genannt. Die Gemeinschaft der Studenten, die hier unterrichtet wurden, bezeichnete man als Ashabu Suffe (Leute der Suffe). Der Unterricht, der in dieser Schule erteilt wurde, nahm schon recht bald einen Umfang an, der mit dem Unterrichtsstoff heutiger Universitäten vergleichbar wäre. Der Prophet Muhammed ﷺ ließ den Ashabu Suffe nicht nur das Lesen und Schreiben beibringen, er unterrichtete sie auch persönlich in der islamischen Religion und der islamischen Ethik. Durch das ständige Beisammensein mit dem Propheten ﷺ genossen sie eine hervorragende Charaktererziehung und wurden schon bald zum Vorbild für Gelehrsamkeit.
Hier wurden auch diejenigen ausgebildet, die später in Regionen gesandt wurden, wo es keine Muslime gab, um den Menschen dort vom Islam zu berichten und ihn zu lehren. Die Ashabu Suffe verdeutlichen, welcher Wert im Islam von Anfang an dem Wissen beigemessen wurde. So heißt es im Edlen Quran:

„Sprich: Sind (denn etwa) jene, die wissen, denen gleich, die nicht wissen?“[1]

Der Prophet Muhammed ﷺ sagte:

„Das Wissen ist der verschollene Besitz des Muslims. Er soll es sich aneignen, ganz gleich wo er es findet.“[2]

„Wer sich auf ein Reise macht, um sich Wissen anzueignen, dem wird Allah den Eintritt ins Paradies erleichtern.“[3]

1 39. Sure: Ez-Zumer, Vers 9.
2 Tirmidhi, Ilim, 19; Ibn Madsche, Zuhd, 17.
3 Bukhari, Ilm, 10; Muslim, Dhikr, 39.

Der Stadtstaat Medina

Die Bevölkerung Medinas bestand hauptsächlich aus drei Religionsgruppen: den polytheistischen Arabern, den Juden und den Muslimen. Die Muslime stellten dabei anfangs die kleinste Gemeinschaft der Stadt. Die Beziehung der Gruppen zueinander war jedoch nicht eindeutig geklärt. Rein theoretisch konnte jede Gruppe gegenüber der anderen eine feindliche Gesinnung hegen. So hätten theoretisch nicht nur die Polytheisten eine Bedrohung für die Muslime darstellen können, sondern auch die Juden, die ja enge Handelsbeziehungen zu den Quraisch pflegten und daher mit diesen ein Bündnis gegen die Muslime eingehen konnten. Schließlich hätten auch die Quraisch einen Feldzug gegen Medina durchführen können, um ihre Handelsrouten zu sichern und sich zeitgleich des Propheten und der Muslime zu entledigen. Sicherheit hatte also höchste Priorität und musste unter allen Umständen gewährleistet werden, denn die Muslime waren nach Medina ausgewandert, weil ihnen gerade diese in Mekka verwehrt wurde.

Um eine Vertrauensbasis zu schaffen, die Beziehungen zueinander eindeutig zu klären und ein friedliches Zusammenleben der unterschiedlichen Gruppen in Medina zu gewährleisten, rief der Prophet ﷺ die Führer der Juden und der polytheistischen Araber zusammen. Er trat bei diesem Zusammentreffen für die Schaffung einer Grundordnung ein, in der die Rechte einer jeden Gemeinschaft gewahrt werden sollten. Er überzeugte sie zudem davon, dass es im Interesse aller Religionsgemeinschaften lag, ein Bündnis zur kollektiven Verteidigung einzugehen, um Medina gemeinsam vor dem Angriff äußerer Mächte zu schützen. Das Ergebnis dieser Verhandlungen war eine Verfassung mit 52 Artikeln, die die Rechte der Araber und der Juden festlegte und das friedliche Zusammenleben der drei Glaubensrichtungen gewährleisten sollte. Ein weiteres Ergebnis dieser Verhandlungen war, dass die Muslime nun von den anderen Gruppen als Gemeinschaft anerkannt wurden.

Mit der Verfassung wurde zeitgleich der Stadtstaat Medina begründet und der Prophet Muhammed ﷺ zu dessen Oberhaupt erklärt. Dies wurde im 23. Artikel der Verfassung festgehalten, der besagt: „Ganz gleich zwischen wem auch immer Uneinigkeit herrscht, für sie alle ist Allah die einzige Quelle der Gesetze und der Gerechtigkeit, und Sein Gesandter Muhammed repräsentiert die höchste Entscheidungsinstanz."

Die Quraisch, die über die Geschehnisse in Medina informiert waren, schickten hintereinander zwei Drohbriefe an die Ensar und drängten sie, dem Propheten keinen Schutz mehr zu gewähren. Die Ensar schenkten den Drohungen aber keine Beachtung. Sie wappneten sich allerdings, um bei einem eventuellen Angriff der Mekkaner vorbereitet zu sein.

Der Zuzug der Familienangehörigen

An die Moschee in Medina wurde ein zusätzlicher Raum angebaut, in dem der Prophet Muhammed ﷺ wohnen sollte. Da er nun eine eigene Bleibe hatte, beauftragte er zwei seiner Gefährten damit, seine in Mekka verbliebenen beiden Töchter Fatima رضي الله عنها und Ummu Kulthum رضي الله عنها, sowie seine Frau Sewde رضي الله عنها nach Medina zu holen. Auch Ebu Bekr رضي الله عنه ließ nun seine Familienangehörigen nachkommen. Zusammen mit seinen Töchtern kam auch Aische رضي الله عنها, die bereits in Mekka mit dem Propheten Muhammed ﷺ vermählt worden war. Eine Hochzeit hatte es aber noch nicht gegeben. Diese fand dann ein Jahr nach der Auswanderung in Medina statt.
Aische رضي الله عنها war eine sehr intelligente Frau, die sich im Laufe ihres Lebens eingehendes Wissen im islamischen Recht, in den Hadithwissenschaften, der Medizin und der Poesie aneignete. Ihre Nähe zum Propheten ﷺ formte nicht nur ihren Charakter, sondern machte sie auch zu einer Hauptquelle für spätere Generationen von Islamgelehrten. Mehr als 2000 Berichte des Propheten Muhammed ﷺ wurden von Aische رضي الله عنها überliefert.

Die Schlacht von Bedr

Die Quraischiten hatten im Anschluss an die Hidschra damit begonnen, die Pilgerroute nach Mekka für die Muslime zu blockieren. Sie verwehrten ihnen den Zugang nach Mekka und damit auch den Besuch der Kaaba. Sie waren sich dessen bewusst, dass diese Aktion eine Reaktion der Muslime zur Folge haben könnte. In Mekka herrschte daher Besorgnis. Bei einer Handelsstadt, wie Mekka es war, würde eine Blockade der Handelsrouten, die über Medina nach Damaskus verliefen, nahezu jeden Bewohner der Stadt in Mitleidenschaft ziehen. Diese Befürchtung führte dazu, dass sich in Mekka die Front gegen die Muslime festigte.

Der Prophet Muhammed ﷺ hatte bis dahin stets von der Anwendung von Gewalt abgesehen und seinen Gefährten immer davon abgeraten. Die Muslime hatten jedes Leid erduldet und mussten schließlich auswandern. Als die Feindseligkeiten der Götzenanbeter aber weiterhin zunahmen, sandte Allah der Erhabene die folgenden Offenbarungen herab, mit denen Er den Muslimen den bewaffneten Kampf zur Verteidigung erlaubte:

„Die Erlaubnis (sich zu verteidigen) ist jenen gegeben, die bekämpft werden, weil ihnen Unrecht zugefügt wurde – und Allah hat wahrlich die Macht, ihnen zu helfen –, jenen, die zu Unrecht aus ihren Wohnstätten vertrieben wurden, nur weil sie sagen: ‚Unser Herr ist Allah!' Und wenn Allah nicht die einen Menschen durch die anderen abgewehrt hätte, so wären fürwahr Mönchsklausen, Kirchen, Synagogen und Moscheen zerstört worden, in denen Allahs Name häufig genannt wird. Und ganz gewiss wird Allah jenen helfen, die Ihm helfen. Wahrlich, Allah ist stark und allmächtig."[1]

„Und bekämpft auf dem Wege Allahs jene, die euch bekämpfen, doch überschreitet nicht das Maß! Wahrlich, Allah liebt die Maßlosen nicht."[2]

Im zweiten Jahr der Hidschra sandten die Quraisch eine Karawane nach Damaskus, an deren Handelsgütern sich jeder Mekkaner beteiligt hatte und die folglich besonders groß war. Die Karawane wurde daher mit 70 Berittenen gesichert und stand unter der Führung Ebu Sufyans, eines reichen und einflussreichen Händlers, der zur Führungsschicht Mekkas gehörte. Nachdem man Damaskus erreicht hatte und die Geschäfte erfolgreich abgeschlossen waren, machte sich die vollbeladene Karawane auf die Heimreise. Je mehr sich die Karawane aber Medina näherte, umso nervöser wurde Ebu Sufyan. Wenn die Muslime sich wirklich für die verwehrte Pilgerfahrt rächen wollen würden, so würde es ihnen nicht allzu schwer fallen, die Karawane abzufangen, sobald diese die Gegend um Medina passierte. Aus diesem Grund hatte Ebu Sufyan, bevor er von Damaskus aufgebrochen war, einen Boten mit einer Nachricht nach Mekka gesandt. Darin rief er die Mekkaner dazu auf, ihm mit einer Streitmacht entgegenzukommen und bei Bedr auf ihn zu warten. Als die Mekkaner Ebu Sufyans Botschaft erhielten, zögerten sie nicht und stellten ein Heer von 950 Mann auf, darunter 100 Berittene zu Pferd. Anschließend zogen sie nach Bedr. In der Zwischenzeit

1 22. Sure: El-Hadsch, Vers 39 ff.
2 2. Sure: El-Baqarah, Vers 190.

hatte der Prophet Muhammed ﷺ eine kleine Streitmacht von Freiwilligen zusammengestellt. Mit diesen wollte er die Handelsroute nach Damaskus sperren und die Karawane der Mekkaner abfangen. Von der inzwischen aufgebrochenen Armee der Mekkaner hatten sie keine Ahnung. Aus diesem Grund hatten sich auch nicht alle Gefährten des Propheten ﷺ diesem Vorhaben angeschlossen. Der Prophet ﷺ hatte darüber hinaus sieben Freiwillige zurückgeschickt, weil sie zu jung waren. Von 324 Mann – 90 Auswanderer und 234 Mann der Ensar – wurden vier Mann für Aufklärungsdienste abgestellt, sodass insgesamt 310 Mann auszogen. Das war lediglich ein Drittel der anrückenden feindlichen Streitmacht. Als Reittiere besaßen sie lediglich zwei Pferde und 70 Kamele, sodass diese abwechselnd geritten werden mussten.

Als die Muslime sich Bedr näherten, meldeten die Aufklärer, dass die Karawane nur noch eine Tagesreise entfernt war.

Ebu Sufyan hatte seinerseits auch einen Erkundungstrupp vorausgeschickt, um die Brunnen bei Bedr auszukundschaften. Seine Späher berichteten ihm, dass die Muslime in der Nähe der Brunnen lagerten. Ebu Sufyan, der sich entschlossen hatte, den Muslimen auszuweichen, änderte den Kurs der Karawane in Richtung des Roten Meeres.

Währenddessen kam die Armee der Mekkaner ebenfalls näher. Die Muslime aber erreichten Bedr als erste und besetzten sofort die Wasserbrunnen. In der Nacht änderte Ebu Sufyan abermals die Route der Karawane und zog, im Schutze der angerückten Armee der Quraisch, nach Mekka und entkam dadurch der drohenden Gefahr.

Die Streitkräfte der Muslime und der Quraischiten standen sich nun, lediglich durch einen Sandhügel getrennt, gegenüber. Der Prophet ﷺ rief die führenden Persönlichkeiten der Auswanderer und der Ensar zusammen und fragte sie: „Mit Hass und Wut sind die Quraisch nun angerückt. Was ist eure Meinung? Zieht ihr es vor, die Karawane zu verfolgen, oder wollt ihr euch lieber dem Heer der Quraisch stellen?"

Für die Auswanderer übernahmen Ebu Bekr رضي الله عنه und Umer رضي الله عنه das Wort. Beide sprachen sich für die Begegnung mit dem feindlichen Heer aus. Für die Ensar hielt Mikdat ibn Amr eine Rede. Er sagte:

„O Gesandter Allahs! Lass uns tun, was Allah dir befohlen hat. Wir sind mit dir und wir tun das, was du von uns verlangst. Wir werden nicht wie die Söhne Israels sprechen, die zu Musa عليه السلام sagten: ‚Geh du hin, mit deinem Herrn, und kämpft ihr beide!'[1]

---

1 5. Sure: El-Ma'ideh, Vers 24.

Nein, wir sagen: „Wir halten unser Versprechen, das wir dir bei Aqabe gegeben haben, und wir sind bereit, bis zum Schluss gegen deine Feinde zu deiner Rechten, zu deiner Linken, und gegen deine Feinde vor dir und hinter dir zu kämpfen!“

Als von den anderen Vertretern der Ensar keine Reaktion erfolgte, wiederholte der Prophet ﷺ seine Frage. Die Ensar hatten dem Propheten ﷺ in Aqabe nicht versprochen, dass sie ihn außerhalb Medinas beschützen würden. Sie hatten ihm gegenüber sogar bemerkt, dass sie keinerlei Verantwortung für seine Sicherheit übernehmen würden, bis er Medina erreicht. Nun war ungewiss, wie sie reagieren würden. Schließlich übernahm Sa´d ibn Muadh رضي الله عنه das Wort und sprach für die Ensar: „O Gesandter Allahs! Wir glauben dir und wir bestätigen dich. Was auch immer du von uns verlangst, dem werden wir folgen. Wir schwören dir bei dem, der dir das Buch herabgesandt hat: Wenn du uns dieses Meer zeigst und darin eintauchst, so werden wir mit dir zusammen eintauchen. Nicht ein einziger von uns wird zurückbleiben. Führe uns mit dem Segen Allahs!“

Die Worte von Sa'd رضي الله عنه erfreuten den Propheten und sein Antlitz begann zu strahlen. Er sagte: „So geht mit dem Segen Allahs! Ich beglückwünsche euch: Allah der Erhabene versprach mir eine der beiden Scharen. Bei Allah, es ist gerade so, als ob ich das Schlachtfeld erblicke, auf dem die Quraischiten fallen werden.“

Ebu Sufyan, der sich nun mit der Karawane in Sicherheit wog, schickte einen Boten an die mekkanische Armee und forderte diese auf, zurückzukehren. Aber Ebu Dschehl lehnte ab. Wenn sie jetzt zurückkehren würden, so Ebu Dschehl, könnten sie nie wieder die Handelsroute nach Damaskus benutzen. Diew Muslime, die zurzeit noch wenige und schwach waren, würden einen Rückzug der Mekkaner als ihren Sieg feiern und dadurch nur noch mehr ermutigt werden. Seine Argumente klangen so einleuchtend, dass auch all jene, die eigentlich nach Mekka zurückkehren wollten, schließlich doch noch blieben.

Der Prophet ﷺ verbrachte die ganze Nacht im Gebet. Er wandte sich an Allah den Erhabenen und bat Ihn, den Muslimen den Sieg zu schenken. Als die Morgendämmerung anbrach, rief er seine Gefährten zusammen und verrichtete mit ihnen das Morgengebet. Nach dem Gebet hielt er eine Rede, ermutigte die muslimischen Kämpfer und bereitete sie auf die Begegnung vor. Noch bevor sich die Polytheisten aufstellen konnten, nahm seine Armee

bereits ihre Schlachtordnung ein. Die Muslime standen geschlossen und mit dem Gesicht nach Westen gewandt in ihrer Formation. Dann wurden die Fahnenträger bestimmt. Die größte Fahne wurde Mus´ab ibn Umeyr رضي الله عنه überreicht und von den beiden schwarzen Fahnen trugen Ali رضي الله عنه die eine und Sa´d ibn Muadh رضي الله عنه die andere.
Der Feind trat schließlich hinter dem Sandhügel hervor um sodann seinen Platz auf dem Schlachtfeld einzunehmen. Als die Massen der Polytheisten in ihren Rüstungen und bis an die Zähne bewaffnet den Hügel hinabstiegen, sprach der Prophet Muhammed ﷺ das folgende Bittgebet: „O Allah! Hier kommen die polytheistischen Quraisch voller Stolz und voller Arroganz. Sie fordern Dich heraus und sie verleugnen mich. O Allah! Halte dein Versprechen, das du mir gegeben hast. O Allah, hilf uns!"
Die Polytheisten stellten sich in einer Reihe vor den Muslimen auf und zogen ihre Schwerter. Es war üblich, dass sich zuerst einzelne Kämpfer gegenseitig herausforderten und es zu Zweikämpfen kam, bevor dann die eigentliche Schlacht begann.
Der Polytheist Amir ibn Hadrami machte den Anfang. Er war der erste, der die Muslime herausforderte. Ihm trat Mihdscha رضي الله عنه, ein von Umer رضي الله عنه freigelassener Sklave aus dem Jemen, entgegen. Er wurde unmittelbar darauf von einem Pfeil Amirs getroffen und starb noch an Ort und Stelle. Seine Gefährten trugen ihn vom Schlachtfeld. Mihdscha رضي الله عنه war damit der erste der Ensar, der bei Bedr den Märtyrertod starb.
Währenddessen wechselte Abdullah رضي الله عنه, der Sohn des Suheyl, die Fronten und ging von den Polytheisten zu den Reihen der Muslime über. Er war bereits in Mekka zum Islam konvertiert und mit der zweiten Auswanderungswelle ins Königreich Aksum gezogen. Als er nach Mekka zurückkehrte, sperrte ihn sein Vater ein und zwang ihn, von seinem Glauben abzuschwören. Sein Vater hatte ihn nach Bedr mitgenommen, weil er einen weiteren Übertritt seines Sohnes zum Islam nicht vermutet hatte. Als er ihn nun aber dabei erblickte, wie er zu seinen Glaubensbrüdern eilte, begann er, ihm hinterher zu schimpfen und ihn zu verfluchen. Abdullah رضي الله عنه aber wandte sich zu seinem Vater zurück und rief: „Allah der Erhabene hat mir dies als etwas Segensreiches vergönnt."
Drei Kämpfer der Quraischiten traten hervor und forderten die Muslime heraus. Es waren die beiden Brüder Utbe und Scheybe sowie Utbes Sohn Welid. Der erste, der diese Herausforderung annahm, war Ebu Huzeyfe رضي الله عنه, der Sohn des Herausforderers Utbe. Es war eine außergewöhnliche Situation. Der Sohn stand seinem Vater gegenüber und wollte sich mit ihm duellieren.

Der Prophet ﷺ ließ dies aber nicht zu. Er rief Ebu Huzeyfe ؓ zurück. Daraufhin traten drei junge Männer der Ensar hervor: Muadh ؓ, Muawidh ؓ und Abdullah ibn Rewaha ؓ. Die Quraischiten fragten: „Wer seid ihr?“ Die Ensar antworteten: „Wir gehören zu den Ensar.“ Daraufhin sagten die Quraischiten: „Wir haben mit euch nichts zu tun – geht weg! Wir werden mit unseren Vettern, mit den Söhnen Abdulmuttalibs, kämpfen! O Muhammed, schick uns Leute aus unserem Stamm, die uns ebenbürtig sind.“
Der Prophet ﷺ ließ die jungen Männer der Ensar zurückkehren und rief: „O Söhne Haschims! Erhebt euch. Kämpft gegen die Feinde Allahs! Denn Allah hat Seinen Propheten hierfür gesandt. Erhebe dich, Ubeyde! Erhebe dich, Hamza! Erhebe dich, Ali!“
Ubeyde ؓ, Hamza ؓ und Ali ؓ eilten nach vorne. Weil die Quraischiten Helme trugen, konnten sie nicht recht erkennen, wer ihnen nun gegenüberstand. Sie sagten: „Sprecht! Sprecht, damit wir erkennen, wer ihr seid. Wenn ihr uns ebenbürtig seid, dann werden wir gegen euch kämpfen.“ Daraufhin stellten sich die drei Gefährten vor. Zufrieden stimmten die Quraischiten dieser Konstellation zu: „Ja, ihr seid uns ebenbürtig.“ Dann begann auch schon der Kampf. In einem kurzen Duell tötete Hamza ؓ Scheybe. Der Kampf zwischen Ali ؓ und Welid währte ebenfalls nicht lange und endete mit dem Tod Welids. Ubeydes ؓ Gefecht zog sich allerdings hin, da er zu diesem Zeitpunkt bereits ein 63 Jahre alter Mann war. Er und sein Gegner Utbe verletzten sich bei dem Zweikampf so stark, dass beide sich nicht mehr auf den Beinen halten konnten. Hamza ؓ und Ali ؓ eilten Ubeyde ؓ zu Hilfe und töteten Utbe. Dann trugen sie Ubeyde ؓ zu den eigenen Reihen zurück.
In dieser Vorphase der eigentlichen Schlacht wurde Haritha ؓ, ein Kämpfer der Ensar, von einem Pfeil der Quraischiten tödlich in den Hals getroffen, als er gerade aus einem Wasserbecken trank. Haritha ؓ starb den Märtyrertod und wurde zum ersten Gefallenen der Ensar.
Nun begann das eigentliche Aufeinandertreffen der Massen. Die Muslime gingen zum Angriff über. Der Prophet Muhammed ﷺ ermutigte einerseits die Glaubenskämpfer und flehte zudem in wiederholten Bittgebeten Allah den Erhabenen um Hilfe an. Und seine Gebete wurden erhört: Die kleine Zahl der Muslime gewann die Oberhand gegen die dreifache Übermacht der Polytheisten, und die ärgsten Feinde der Muslime wurden getötet. Panik machte sich unter den Kämpfern der Quraischiten breit, und sie begannen zu fliehen. Die Muslime teilten sich sofort in drei Gruppen. Die erste Gruppe bildete einen Kreis um das

Zelt des Propheten ﷺ, um ihn zu beschützen, die zweite Gruppe verfolgte den fliehenden Feind, um Gefangene zu machen, und die dritte Gruppe begann damit, die Kriegsbeute einzusammeln. Die Schlacht endete mit einem Sieg für die Muslime. 14 Muslime starben den Märtyrertod, davon sechs Auswanderer und acht Kämpfer der Ensar. Auf der Seite der Polytheisten fielen zusammen mit Ebu Dschehl die meisten der Peiniger, die seinerzeit in Mekka die Muslime gefoltert und drangsaliert hatten. Insgesamt hatten die Quraischiten 70 Tote zu beklagen; 70 weitere wurden gefangen genommen. Auf ihrer panikartigen Flucht ließen sie viele Pferde, Kamele und Kriegsgerät zurück.

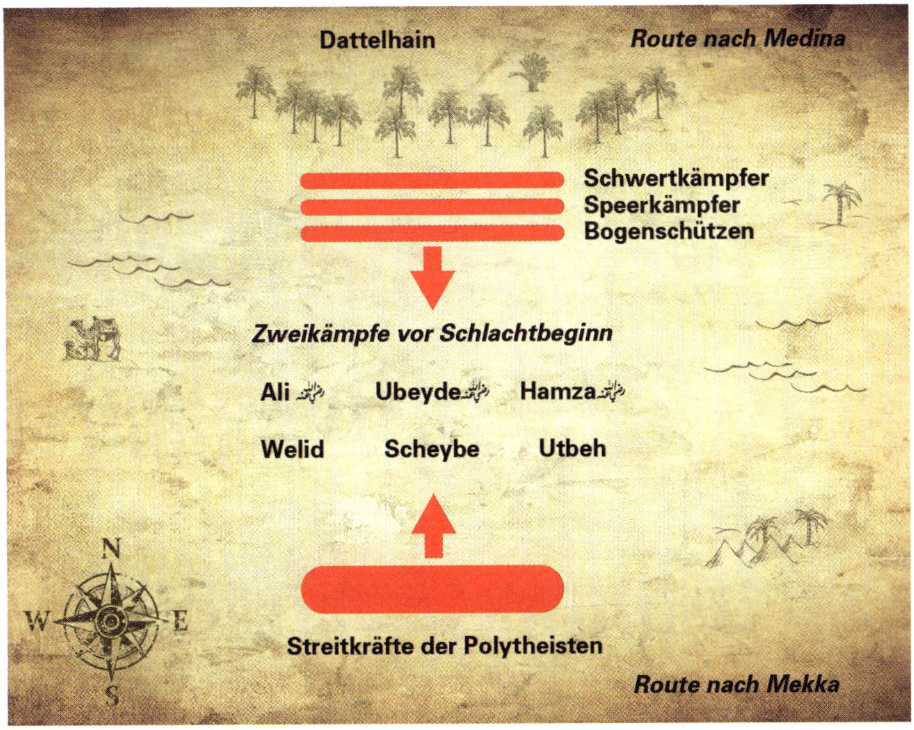

Die Schlacht von Bedr.

Der Prophet ﷺ verrichtete für die gefallenen Muslime das Totengebet. Anschließend wurden sie in ihrer blutigen Kleidung beerdigt. Im Edlen Quran heißt es über die Märtyrer:

„Und sagt nicht von jenen, die auf dem Wege Allahs getötet wurden: ‚(Sie sind) tot.' Vielmehr (sind sie) lebendig, jedoch nehmt ihr (sie) nicht wahr."[1]

1 2. Sure: El-Baqarah, Vers 154.

Die Gefallenen der Quraisch wurden ebenfalls begraben. Ihre Gefangenen wurden gefesselt. Nach dem Nachmittagsgebet begann der Rückmarsch nach Medina. Als die Muslime am Abend das Useyl-Tal erreicht hatten, schlugen sie ein Lager auf und stellten Wachen ab, um sich zu erholen und hier die Nacht zu verbringen. Als es bereits Nacht geworden war und die meisten der Muslime schliefen, bemerkten einige Gefährten, dass der Prophet ﷺ noch immer nicht eingeschlafen war. Als er nach dem Grund dafür gefragt wurde, antwortete er: „Das Klagen meines Onkels lässt mich nicht einschlafen."
Sein Onkel Abbas war auf der Seite der Quraischiten in die Schlacht gezogen und dabei in Gefangenschaft geraten. Er befand sich nun mit gefesselten Händen unter den Gefangenen. Seine Fesseln verursachten ihm so starke Schmerzen, dass sein Stöhnen im ganzen Lager zu hören war. Als die Gefährten hörten, wie nah dies dem Propheten ging, lösten sie die Fesseln seines Onkels. Das Klagen hörte auf. Als der Prophet ﷺ dies bemerkte, fragte er: „Warum höre ich nicht mehr das Stöhnen meines Onkels?" Der Gefährte, der Abbas losgelöst hatte, sagte: „O Gesandter Allahs! Ich habe ihm seine Fesseln abgenommen." Daraufhin gab der Prophet ﷺ die Anweisung: „Löst die Fesseln aller Gefangenen."
Am zweiten Tag der Rückreise verteilte der Prophet ﷺ die Kriegsbeute. Ein Teil der Beute wurde für die Familien der Märtyrer bestimmt. Nun ging es darum, was mit den Gefangenen geschehen sollte. Der Prophet ﷺ fragte die Angesehenen der Stämme: „Was sollen wir mit den Gefangenen machen?"
Umer رضي الله عنه sagte: „O Gesandter Allahs! Diese Polytheisten haben dich verleugnet. Sie haben dich aus deiner Heimat verbannt. Lass sie uns alle enthaupten!" Abdullah ibn Rewaha رضي الله عنه sagte: „O Gesandter Allahs! Lass sie uns in ein Tal mit viel Holz bringen, einen Scheiterhaufen errichten und ihn anzünden. Lass uns sie alle verbrennen!" Daraufhin sagte Ebu Bekr رضي الله عنه: „O Gesandter Allahs! Dies sind deine und unsere Verwandten. Lass uns Lösegeld für sie verlangen. Das Lösegeld, das wir dann für sie erhalten, wird uns nutzen. Und lass uns ihnen etwas Zeit geben. Ich hoffe, dass manche unter ihnen mit ihren Kindern Muslime werden." Der Prophet ﷺ dachte eine Weile nach. Dann sagte er: „O Ebu Bekr! Dein Gemüt ähnelt dem Gemüt des Propheten Ibrahim عليه السلام. Dieser sagte zu Allah: ‚Wenn mir jemand folgt, so gehört er zu mir. Wenn sich mir jemand entgegenstellt, so bist du zweifellos der höchste Richter.'" „O Umer! Dein Gemüt ähnelt dem Gemüt des Propheten Nuh عليه السلام[1]. Dieser sagte zu Allah: ‚O Allah!

1 Noah

Lass keinen Ungläubigen auf der Erde übrig.'" Dann sprach er zu seinen Gefährten: „Meine Gefährten! Lasst keinen der Gefangenen frei, für den kein Lösegeld bezahlt wurde, und behandelt sie alle gut."

Für einen Teil der Gefangenen wurde Lösegeld bezahlt, und sie wurden daraufhin freigelassen. Einem anderen Teil wurde die Freilassung zugesichert, falls sie zehn muslimischen Kindern und Jugendlichen das Lesen und Schreiben beibringen würden.

Der Sieg, der bei der Schlacht von Bedr errungen wurde, steigerte die Moral der Muslime und führte dazu, dass viele weitere Menschen, die in und um Medina lebten, den Islam annahmen. Darüber hinaus schüchterte der Sieg der Muslime die Polytheisten und die Juden in Medina ein. Das Ansehen der Quraisch hingegen war durch ihre Niederlage stark angeschlagen.

Als die Nachricht über den Sieg der Muslime auch Aksum erreichte, lud Negus Ashame den Cousin des Propheten Muhammed ﷺ, Dschafer ibn Ebu Talib رضي الله عنه, und einen Teil seiner Freunde ein und beglückwünschte sie zum Sieg ihrer Glaubensbrüder. Er selbst war überglücklich und brachte dies folgendermaßen zum Ausdruck: „Dank sei Allah dem Erhabenen. Er hat Seinem Gesandten in Bedr geholfen."

Die Juden

Der Sieg, den die Muslime in Bedr errungen hatten, beunruhigte die Juden in Medina. Hierfür gab es sowohl wirtschaftliche, politische als auch religiöse Gründe. Wie bereits erwähnt, fürchteten die Juden die Konkurrenz der für ihre besondere Ehrlichkeit und Aufrichtigkeit bekannten muslimischen Händler. Durch den Sieg bei Bedr wuchs aber auch die politische Macht der Muslime. Sie hatten gezeigt, dass sie trotz ihrer geringen Zahl eine enorme militärische Schlagkraft besaßen und sich durch keine Macht einschüchtern zu lassen brauchten. Ein weiterer Grund war, dass die Juden der Arabischen Halbinsel schon seit geraumer Zeit das Kommen eines Propheten erwarteten. Sie gingen allerdings davon aus, dass dieser Prophet aus ihren eigenen Reihen kommen würde und hielten daher auch nicht damit zurück, dieses Kommen laut anzukündigen. Das Erscheinen des Gesandten Muhammed ﷺ, eines Propheten aus den Reihen der Araber, erweckte den Neid der medinensischen Juden. Sie gönnten den Arabern diesen Segen nicht. Daher erregte der Sieg in Bedr auch ihre tiefe Missgunst. Sie schmiedeten insgeheim Pläne, um die Macht des Propheten Muhammed ﷺ in Medina zu untergraben. Sie intrigierten gegen die Muslime, indem sie die arabischen Stämme um Medina gegen die Muslime aufwiegelten und den angeschlagenen Quraisch finanzielle Unterstützung zukommen ließen, um sie dadurch zu einem weiteren Vorgehen gegen die Muslime zu ermuntern.

Nachdem der Prophet ﷺ von den Angriffsplänen der umliegenden arabischen Stämme in Kenntnis gesetzt worden war, führte er persönlich mehrere Feldzüge gegen diese. Dadurch konnte er das Anwachsen einer größeren Gefahr bannen und ein organisiertes Vorgehen gegen die Muslime verhindern.

In Medina selbst waren insbesondere die Angehörigen des jüdischen Stammes Kaynuka von der wachsenden Anzahl der Muslime und dem zunehmenden Einfluss des Propheten ﷺ in und um Medina beunruhigt. Dies äußerte sich durch die Zunahme von Übergriffen ihrerseits gegen Muslime. Die Situation eskalierte, als eines Tages eine muslimische Frau Schmuck bei einem jüdischen Goldhändler vom Stamm der Kaynuka kaufen wollte. Als die Frau sich hingesetzt hatte und auf die Auslieferung ihrer Bestellung wartete, befestigte ein Mitglied des Kaynuka-Stammes unbemerkt das untere Ende ihres Kleides an ihr Oberteil. Als die Frau aufstand, entblößte sich ihr Schambereich, sodass sie dem Spott und dem Gelächter der Anwesenden des Kaynuka-Clans ausgesetzt war. Ein junger Muslim, der das ganze beobachtet hatte, eilte der Frau zu Hilfe. Im anschließenden Handgemenge tötete er den Übeltäter und wurde daraufhin von den anwesenden Angehörigen des Kaynuka-Stammes getötet.

Als der Prophet ﷺ von diesem Vorfall informiert wurde, rief er die Angehörigen des Kaynuka-Stammes auf den Marktplatz und sprach zu ihnen: „O Gemeinschaft der Juden! Hütet euch davor, dass Allah über euch kein ähnliches Unheil bringt, wie Er es über die Quraischiten gebracht hat, und werdet Muslime. Ihr wisst nur zu gut, dass ich ein von Allah gesandter Prophet bin. Ihr seht dies in euren Büchern und in dem Versprechen, das Allah euch gab."

Der Prophet ﷺ gab ihnen zu verstehen, dass sie für ihre Vergehen zu büßen hatten. Er beabsichtigte aber nichtsdestotrotz, den Frieden mit ihnen zu wahren und schlug ihnen daher vor, den Vertrag für ein friedliches Zusammenleben zu erneuern. Daraufhin entgegneten sie ihm jedoch lediglich: „O Muhammed! Dein Sieg, den du über ein Volk errungen hast,

das des Kämpfens unkundig ist, sollte dich nicht täuschen. Denkst du etwa, wir wären wie die Quraischiten? Wir sind Meister der Kriegskunst! Wenn du es wagen solltest, dich mit uns messen zu wollen, dann wirst du sehen, was es heißt, zu kämpfen!"
Daraufhin wurde die folgende Offenbarung von Allah dem Erhabenen herabgesandt:

„Sag zu jenen, die (die Wahrheit) leugnen: „Ihr werdet überwältigt und in der Hölle zusammengeschart werden! Und welch schlimme Ruhestätte (dies ist)!" Ihr erhieltet schon ein Zeichen in den beiden Scharen, die (bei Bedr) aufeinandertrafen..."[1]

Die Kaynuka waren der erste unter den jüdischen Stämmen in Medina, der den Vertrag mit dem Propheten ﷺ gebrochen hatte. Die Muslime rüsteten sich daraufhin zum Kampf gegen die Kaynuka, und der Prophet ﷺ trat ihnen an der Spitze des muslimischen Heeres entgegen. Die Kaynuka zogen sich daraufhin in ihre Festung zurück. Die muslimischen Kämpfer begannen, die Festung zu belagern. Trotz ihres anfänglich sehr selbstbewussten Auftretens schafften es die Kaynuka nicht, sich den Muslimen auf offenem Feld zu stellen oder gar einen erfolgreichen Abwehrkampf zu führen. Nach 15 Tagen kapitulierten die Belagerten und gestanden damit ihre Niederlage ein. Die Prophezeiung in der Offenbarung hatte sich damit bewahrheitet. Den Kaynuka wurde trotz ihres Verrats kein Leid zugefügt. Als Strafe wurden sie aber verbannt und mussten in das heutige Syrien ziehen.

1 3. Sure: Al Imran, Vers 12f.

Die Heuchler

Eine besondere Erscheinung jener Zeit in Medina war das Aufkommen der Munafiqun (Heuchler). Ein Munafiq ist eine Personen, die vorgibt, Muslim zu sein, aber in ihrem Herzen nicht an Allah oder an die Gesandtschaft des Propheten Muhammed ﷺ glaubt. In der mekkanischen Periode, als die Muslime noch wenige an der Zahl und schwach waren, gab es noch keine Munafiqun. Sie tauchten erst in Medina auf, als die Muslime relative Sicherheit genossen, einen gewissen Wohlstand erlangt hatten und mittlerweile sowohl politische als auch militärische Macht besaßen. Diejenigen, die es nicht mehr wagten, offen gegen den Propheten ﷺ oder den Islam vorzugehen, begannen nun, insgeheim zu intrigieren. In der Gegenwart des Propheten ﷺ spielten sie die überzeugten Gläubigen und in seiner Abwesenheit und der Gegenwart der Ungläubigen legten sie dem Propheten ﷺ und dem Islam gegenüber eine maßlose Feindschaft an den Tag. Da jeder ungehinderten Zugang zum Propheten ﷺ besaß, hielten auch sie sich in seiner unmittelbaren Nähe auf, lauschten ihm und amüsierten sich anschließend in der Gegenwart der Ungläubigen über das, was sie vorher vom Propheten ﷺ vernommen hatten. Zu diesem Zweck trafen sie sich oft und heckten gemeinsam Intrigen gegen den Islam aus.

Ein typisches Beispiel für solch einen Heuchler war Abdullah ibn Ubey, Oberhaupt des Stammes der Khazredsch. Ihm wäre fast die Verwaltung Medinas übergeben worden, wäre nicht der Prophet Muhammed ﷺ erschienen und nach der Gründung des Stadtstaats Medina zu dessen Oberhaupt gewählt worden. Abdullah ibn Ubey betrachtete dies als persönlichen Verlust und hat dies sein Leben lang nicht vergessen können. Nach der Schlacht von Bedr nahm er den Islam aus rein taktischen Gründen äußerlich an, in seinem Herzen aber besaß er stets nur Verachtung für den Propheten ﷺ und die Muslime. Als Stammesführer der Khazredsch hat er sich für die Begnadigung des Kaynuka-Stammes eingesetzt und sowohl die Kaynuka als auch den ebenfalls jüdischen Stamm der Beni Nadir gegen die Muslime aufgestachelt.
Es kam aber auch vor, dass der Prophet ﷺ die Namen von Heuchlern offen bekanntgab. Eines Tages sprach der Prophet ﷺ zu der in der Moschee versammelten Gemeinde: „Unter euch befinden sich welche, die sich miteinander treffen und über den Islam lästern. Sie sollen sich erheben und Allah um Vergebung bitten. Auch ich werde für sie um Vergebung bitten.“

Niemand stand auf. Daraufhin sagte der Prophet ﷺ: „Warum erhebt ihr euch nicht? Erhebt euch und bittet Allah um Vergebung. Auch ich werde für euch um Vergebung bitten. Entweder ihr erhebt euch, oder ich werde den Namen jedes einzelnen von euch aufrufen."
Er wiederholte dies dreimal. Niemand erhob sich. Daraufhin sagte der Prophet ﷺ: „Die Heuchler, deren Namen ich aufrufe, sollen sich erheben." Dann rief er die Namen von 36 Personen auf. Die Heuchler, deren Namen genannt wurden, erhoben sich unter den verächtlichen Blicken der Gläubigen. Ihnen wurde kein Leid zugefügt. Der Prophet ﷺ ermahnte sie lediglich mit den Worten: „Hütet euch vor Allah!"
Dieser Vorfall war den Heuchlern aber keine Lehre. Sie schlugen die Ermahnungen des Propheten Muhammed ﷺ in den Wind. Als der Prophet ﷺ eines Tages in der Moschee zu seinen Gefährten sprach, befanden sich auch die Heuchler in der Gebetsstätte. Sie unterhielten sich so laut miteinander, dass man die Stimme des Propheten ﷺ gar nicht mehr vernehmen konnte. Der Prophet ﷺ forderte sie daraufhin auf, leiser zu sein. Als sie ihr Verhalten kurze Zeit später nahezu provokativ wiederholten, ließ der Prophet ﷺ sie schließlich hinauswerfen.

Die Schlacht von Uhud

Nach der Schlacht von Bedr hatte Ebu Sufyan die Handelsgüter, die er kurz vor dem Zusammenstoß bei Bedr vor den Muslimen retten konnte, in der Schatzkammer Mekkas zurückbehalten. Sie sollten erst dann unter den Teilhabern verteilt werden, wenn die Niederlage von Bedr gerächt worden sein würde. Da die meisten der Quraisch Tote oder Verletzte unter ihren Angehörigen zu beklagen hatten, waren sie von vornherein für einen Vergeltungsschlag gegen die Muslime zu begeistern. Den Anlass für diese Offensive lieferte letztlich aber ein anderer Vorfall:
Nach der Schlacht von Bedr hatten die Muslime die Handelsrouten der Quraisch nach Damaskus und Äthiopien endgültig gesperrt und die umliegenden arabischen Stämme für die Unterstützung dieser Blockade gewonnen. Die Wirtschaft in Mekka schrumpfte von Tag zu Tag, und die finanzielle Situation der Mekkaner wurde immer prekärer. So entschlossen sich die Quraisch schließlich, eine weitere Handelskarawane nach Damaskus zu entsenden, diesmal aber über einen Umweg durch den heutigen Irak. Sie erhofften sich, dadurch die muslimische Blockade umgehen zu können.

Durch seine Informanten hatte der Prophet ﷺ von dieser Karawane erfahren. Er schickte einen bewaffneten Trupp von 100 Mann aus, um die Handelskarawane abzufangen und nach Medina zu bringen. Die Mission dieser Kämpfer verlief erfolgreich. Sie holten die Karawane ein und konnten sich ihr ohne große Mühe bemächtigen. Die Karawane wurde nach Medina gebracht und als Kriegsbeute aufgeteilt.

Die Nachricht über den Verlust der Karawane löste in Mekka eine Welle der Empörung aus und wurde zum Anlass für den bereits ersehnten Rachefeldzug. Während die militärischen Vorbereitungen getroffen wurden, zogen polytheistische Poeten von Tür zu Tür und trugen Schmähgedichte gegen den Propheten ﷺ und die Muslime vor, um die Bevölkerung für den kommenden Kriegszug anzuspornen. In der Zwischenzeit hatten die Stammesoberhäupter zugestimmt, dass die Handelsgüter, die in der Schatzkammer zurückgehalten wurden, für das Begleichen der Kriegskosten verwendet werden dürfen.

Die Quraisch stellten eine Streitmacht von 3.000 Kämpfern auf, davon 700 Mann gepanzerte Infanterie und 200 Berittene zu Pferd, und zogen in Richtung Medina. Dieser Armee folgte ein Tross mit den Witwen und Waisen der Gefallenen von Bedr. An den Lagerplätzen trugen sie den Kämpfern ihre Klagelieder und Schlachtgesänge vor, um ihnen Mut zu machen und ihren Kampfeswillen anzuheizen.

Abbas رضي الله عنه, der Onkel des Propheten ﷺ, befand sich zu dieser Zeit ebenfalls in Mekka. Er hatte sich während seiner Gefangenschaft in Medina durch die Zahlung von Lösegeld freigekauft und hatte anschließend den Islam angenommen. Eigentlich wollte er in Medina bleiben, aber der Prophet ﷺ wünschte, dass er nach Mekka zurückkehrt, um ihn über die Ereignisse dort auf dem Laufenden zu halten. So kehrte Abbas nach Mekka zurück, verbarg aber seinen neuen Glauben vor den Quraischiten. Abbas رضي الله عنه fasste während seines Aufenthaltes alle Informationen zur Kriegsvorbereitung der Quraisch in einem Brief zusammen und schickte diesen mit einem Boten zum Propheten Muhammed ﷺ.

Als der Prophet ﷺ den Brief erhalten hatte, waren die Quraischiten bereits nah herangerückt und hatten bei Uhud, einem Vorort Medinas, ihr Lager aufgeschlagen. Der Prophet ﷺ rief daraufhin die führenden Persönlichkeiten unter den Muslimen zusammen und fragte sie nach ihrer Meinung. Ein Teil seiner Gefährten schlug vor, dem vorrückenden Feind in Medina zu begegnen und ihn in eine Straßenschlacht zu verwickeln. Dieser Meinung schloss sich auch der Heuchler Abdullah ibn Ubey an. Ein anderer Teil der Gefährten vertrat die Meinung, dass es besser wäre, sich dem Feind außerhalb Medinas, auf offenem Felde, entgegenzustellen. Nachdem er sich die Ansichten seiner Gefährten angehört hatte, sagte der Prophet ﷺ: „Wenn wir in Medina in Verteidigungsstellung bleiben, zwingen wir sie, die Initiative zu ergreifen. Wenn sie uns nicht angreifen, sondern an Ort und Stelle verweilen, werden sie an Kraft verlieren. Wenn sie aber in die Stadt vorrücken und uns angreifen, werden wir sie in den engen Gassen in Kämpfe verwickeln, und im Straßenkampf sind wir ihnen überlegen."

Einige der Gefährten, die bei der Schlacht von Bedr nicht dabei gewesen waren, beharrten darauf, sich dem Feind in einer offenen Feldschlacht außerhalb Medinas zu stellen. Dieser Meinung war auch Hamza رضي الله عنه Er leistete den folgenden Eid: „O Gesandter Allahs! Ich schwöre bei Allah, der dir das Buch herabgesandt hat, dass ich keine Nahrung mehr zu mir nehmen werde, bis ich mit diesem Schwert gegen die götzendienerischen Quraischiten außerhalb Medinas gefochten habe."

Ein großer Teil der Gefährten unterstützte diese Ansicht. Sie waren der Meinung, dass die Polytheisten es als Furcht interpretieren könnten, wenn die Muslime sich ihnen nicht in einer Feldschlacht stellen würden.

Nachdem sich der Prophet ﷺ die Meinungen seiner Gefährten angehört hatte, betete er mit ihnen das Freitagsgebet. Danach wurden die Vorbereitungen für das bevorstehende Gefecht getroffen und anschließend gemeinsam das Nachmittagsgebet verrichtet. Während sich seine Gefährten für den Kampf bewaffnet und in Reih und Glied in der Moschee versammelt hatten, ging der Prophet in sein Haus, legte sich seine Rüstung an und gurtete sein Schwert um.

Während sich der Prophet ﷺ in seinem Haus aufhielt, mahnten die Gefährten Sa´d ibn Muadh رضي الله عنه und Used ibn Hudayr رضي الله عنه die versammelten Muslime: „O Muslime! Obwohl der Prophet ﷺ Medina nicht verlassen wollte, habt ihr ihn bedrängt. Wisst ihr denn nicht, dass es über ihn (im Edlen Quran) heißt: ‚Er spricht nicht aus eigenem Wunsch'? Wie könnt ihr es dann wagen, so sehr auf eurer Meinung zu beharren? Überlasst ihm die Entscheidung und befolgt seine Anordnungen!"

All jene, die vorher noch darauf gedrängt hatten, sich dem Feind außerhalb Medinas zu stellen, bereuten nun ihr Verhalten. Als schließlich der Prophet ﷺ die Moschee in seiner Rüstung betrat, sagten sie zu ihm: „O Gesandter Allahs! Wir haben auf etwas beharrt, was du eigentlich nicht wolltest. Wir haben eingesehen, dass wir falsch lagen. Lass uns in Medina bleiben, wenn du es möchtest. Wenn die Polytheisten uns angreifen, werden wir sie in unseren Straßen bekämpfen.“ Daraufhin entgegnete ihnen der Prophet ﷺ: „Hat ein Prophet erst einmal seine Rüstung angezogen, so ziemt es sich nicht, dass er sie wieder auszieht, bis er gegen seinem Feind gekämpft und Allah zwischen ihm und dem Feind ein Urteil gefällt hat. Tut unmittelbar, was ich euch anordne. So sprecht den Namen Allahs und zieht los! Wenn ihr geduldig seid und euch nicht entmutigen lasst, wird die Hilfe Allahs für euch kommen.“

Der Prophet ﷺ stieg auf sein Pferd, legte sich seinen Bogen über die Schulter und nahm seinen Speer in die Hand. Er ließ seinen Gefährten Abdullah ibn Ummu Mektum als seinen Stellvertreter in Medina zurück und zog an der Spitze des muslimischen Heeres zum Berg Uhud, an dessen Fuß die Quraischiten ihr Lager aufgeschlagen hatten. Die muslimische Streitmacht bestand aus 1.000 Mann, darunter 100 Kämpfer mit Rüstung. Auf dem Weg begegneten sie einer 600 Mann starken, zum Großteil aus Bogenschützen bestehenden Streitmacht, die sich ihnen anschließen wollte. Der Prophet ﷺ fragte: „Wer sind diese Leute?“ Ein Gefährte antwortete: „Das sind die jüdischen Verbündeten von Abdullah ibn Ubey.“ Daraufhin sagte der Prophet ﷺ: „Sagt ihnen, dass sie umkehren sollen. Im Kampf gegen die Götzendiener wollen wir ihre Unterstützung nicht.“

Nachdem die Muslime losgezogen waren und schließlich das Lager für die Übernachtung aufgeschlagen hatten, inspizierte der Prophet ﷺ das muslimische Heer. Er schickte fünf relativ junge Kämpfer aufgrund ihres niedrigen Alters zurück nach Medina. Bei Morgendämmerung begab sich das Heer auf das Schlachtfeld am Berg Uhud. Der Feind hatte bereits seine Stellung bezogen, und so schlugen die Muslime ebenfalls ihr Heerlager auf. Dann befahl der Prophet ﷺ Bilal, den Edhan auszurufen. Im Angesicht des Feindes, aber mit ihrem Herzen Allah dem Erhabenen zugewandt, verrichteten die muslimischen Kämpfer – hinter dem Propheten ﷺ aufgereiht – gemeinsam das Morgengebet.

Der Heuchler Abdullah ibn Ubey versuchte die Moral des muslimischen Heeres zu untergraben, indem er ständig auf die angeblich aussichtslose Lage verwies: „Muhammed hört auf junge Leute, die keine Meinung besitzen, und schenkt meinem Wort keine Beachtung. Hört mich an! Ich kann immer noch nicht verstehen, warum wir uns hier umbringen lassen sollen. “

Er beließ es aber nicht nur bei seinen Sticheleien, sondern forderte die Muslime schließlich sogar dazu auf, das Schlachtfeld zu verlassen und mit

ihm zusammen nach Medina zurückzukehren. Er schaffte es tatsächlich, 300 Mann, die er zum Wanken bringen konnte, auf seine Seite zu ziehen, und verließ mit diesen das Schlachtfeld von Uhud. Der Gefährte Abdullah ibn Amr ritt ihnen noch hinterher und versuchte, sie zur Umkehr zu bewegen, blieb aber erfolglos. 300 Mann, ein Drittel der muslimischen Streitmacht, hatte sich abgespalten. Nun standen dem Feind nur noch 700 Muslime gegenüber.
Ein Teil der verbliebenen Gefährten begann, sich Sorgen zu machen. Sie sagten zum Propheten ﷺ: „O Gesandter Allahs! Lass uns unsere jüdischen Verbündeten um Hilfe bitten." Aber der Propheten ﷺ winkte ab: „Wir brauchen sie nicht."

Das muslimische Heer nahm nun seine Schlachtformation ein. Der Prophet ﷺ ließ die muslimischen Kämpfer sich mit dem Gesicht nach Medina und dem Rücken zum Berg zugewandt aufstellen. Er hatte das Kommando über den rechten Flügel seinem Gefährten Ukkasche Ibn Mihsan رضي الله عنه übergeben. Das Kommando über den linken Flügel hatte Ebu Seleme رضي الله عنه. Ebu Ubeyde رضي الله عنه sollte die vorderen Soldaten befehligen, während Mikdad ibn Amr رضي الله عنه die hinten positionierte Einheit führte. Der Prophet ﷺ beauftragte außerdem Abdullah ibn Dschubeyr رضي الله عنه damit, den links vom muslimischen Heer gelegenen Hügel Ayneyn mit 50 Bogenschützen zu besetzen und dadurch einen Engpass, der zum Rücken des muslimischen Heeres führte, zu blockieren.
Nachdem alle Soldaten ihre Position eingenommen hatten, stand die muslimische Formation zum Gefecht bereit. 50 Mann hatten sich auf dem Ayneyn-Hügel postiert und 640 muslimische Kämpfer befanden sich auf dem Schlachtfeld. Ihnen hatten sich sechs Mann im Nachhinein angeschlossen. Unter ihnen befand sich der junge Hanzale رضي الله عنه, der gerade geheiratet und dessen Hochzeit am Tag vor der Schlacht stattgefunden hatte. Im Anschluss an die Hochzeitsnacht eilte Hanzale رضي الله عنه dem muslimischen Heer hinterher und schloss sich ihm an.
Ein anderer, der sich dem muslimischen Heer anschloss, war Mukhayrik رضي الله عنه, eine der reichsten und gebildetsten Persönlichkeiten unter den Juden Medinas. Als der Prophet ﷺ mit der Armee aus der Stadt auszog, sagte Mukhayrik رضي الله عنه zu seinen Glaubensbrüdern: „O Gemeinschaft der Juden! Ihr wisst besser als ich, dass Muhammed ein Prophet ist und dass ihm die Juden heute helfen müssen. Warum unterstützt ihr ihn nicht?" Daraufhin antworteten ihm die Juden: „Heute ist Samstag, es ist Sabbat. Heute beschäftigt man sich mit nichts."

Mukhayrik رضي الله عنه aber gurtete sich sein Schwert um, eilte zum Schlachtfeld und wurde Muslim. In Medina hatte er einem seiner Verwandten noch seinen letzten Willen geäußert: „Wenn ich den Märtyrertod sterbe, dann gehört mein gesamter Besitz Muhammed.“

Nachdem der Prophet ﷺ das Heer in Schlachtformation gebracht hatte, ging er zum Ayneyn-Hügel, wo die Bogenschützen postiert waren, und gab ihnen die folgende Anweisung für die Schlacht: „Ihr werdet uns gegen einen möglichen Angriff von hinten verteidigen und diesen Posten auf keinen Fall verlassen, ganz gleich ob der Feind nun siegt oder verliert. Und solltet ihr uns dabei beobachten, wie wir dem Feind eine Niederlage zufügen und in sein Heerlager eindringen, so dürft ihr dennoch nicht euren Posten verlassen. Und solltet ihr uns dabei beobachten wie uns der Feind umbringt, so dürft ihr dennoch nicht euren Posten verlassen und uns zu Hilfe eilen. Ihr müsst die feindlichen Reiter mit einem andauernden Pfeilhagel belegen, sobald sie sich euch nähern, denn nur so werden sie ferngehalten!“

Die Quraischiten versuchten ebenso, sich mit Bedacht aufzustellen und alle Maßnahmen zu treffen, um eine Niederlage wie bei Bedr zu verhindern. So wurde das Kommando über den rechten Flügel Khalid ibn Welid übergeben, einem mutigen und begabten Quraischiten, dessen Familie berühmt für ihre Reiterkrieger war. Den linken Flügel übernahm Ikrime, der Sohn des bei Bedr gefallenen Polytheisten Ebu Dschehl. Saffan ibn Umeyye führte die berittene Truppe und Abdullah ibn Ebu Rebia hatte das Kommando über die Bogenschützen. Die Frauen der Polytheisten hatten sich hinter den Linien der Quraischiten aufgereiht und versuchten, die Soldaten durch Trommelschläge, Gesänge und das Vortragen von Gedichten anzufeuern und ihren Kampfeswillen anzuspornen. Unter diesen Frauen befand sich auch Hind bint Utbe, die Frau von Ebu Sufyan. Hind hatte bei der Schlacht von Bedr ihren Vater Utbe, ihren Bruder Welid und ihren Onkel Scheybe verloren. Seither überschattete ihr Verlangen nach Rache alles andere in ihrem Leben. Sie hatte ein Gelöbnis abgelegt, so lange nicht zu weinen, keine wohlriechenden Düfte aufzutragen und ihrem Mann nicht beizuwohnen, bis endlich Vergeltung für den Tod ihrer Nächsten geübt worden sei. Sie versprach dem abessinischen Sklaven Wahschi – einem begnadeten Speerwerfer – die Freiheit, wenn er entweder den Propheten Muhammed ﷺ, Hamza رضي الله عنه oder aber Ali رضي الله عنه töten würde. Wahschi befand sich daher im Gefolge von Hind und trachtete danach, einen der drei zu töten und so seine lang ersehnte Freiheit zu erlangen.

Bevor die eigentliche Schlacht begann, wurden der Kriegstradition entsprechend – ähnlich wie bei der Schlacht von Bedr auch – zuerst Zweikämpfe zwischen einzelnen Kriegern der befeindeten Armeen ausgetragen. Als erstes trat ein Kämpfer aus den Reihen der Quraischiten hervor und forderte die muslimischen Kämpfer zum Duell heraus. Ihm stellte sich der Auswanderer Zubeyr ibn Awwam ﵁ entgegen. Während der Quraischit beritten war, kämpfte Zubeyr zu Fuß. Diesen Nachteil glich der muslimische Kämpfer durch seine enorme Kampfmoral aus. Geschickt stieß Zubeyr ﵁ den Mann von seinem Reittier und schlug ihn mit einem Hieb den Kopf ab. Dann trat der Fahnenträger der Quraischiten, Talha ibn Ebu Talha, hervor und rief in Richtung der Muslime: „Wer von euch wagt es, sich mir entgegenzustellen?"
Auf dem Schlachtfeld erschien sogleich Ali ﵁ und nahm die Herausforderung des Quraischiten an. In dem folgenden Zweikampf verwundete Ali ﵁ Talha so schwer, dass dieser wehrlos und in Todesangst Ali ﵁ um Gnade anflehte. Ali ﵁ ließ von ihm ab und begab sich zurück in die Reihen seiner Glaubensbrüder. Nun übernahm Talhas Bruder Uthman die Fahne der Quraischiten. Er wurde von Hamza ﵁ niedergemacht. Der dritte Fahnenträger, der sich den Muslimen zum Zweikampf stellte, wurde von Sad ibn Ebi Waqqas ﵁ getötet. Nun begann auch schon die eigentliche Schlacht. Die muslimischen Kämpfer preschten in das Zentrum des feindlichen Heeres vor und brachten dem Feind empfindliche Verluste bei. Die Fahne der Quraisch fiel und blieb auf dem Boden. Der Wucht, mit der die muslimischen Kämpfer ihren Feinden zusetzten, hatten die Quraischiten nichts entgegenzusetzen. Das islamische Heer, mit so tapferen Kämpfern wie Hamza ﵁, Ali ﵁, Zubeyr ﵁, Sa´d ﵁ und Ebu Dudschane ﵁ an ihrer Spitze, setzte seinen Angriff konsequent fort. Trotz ihrer zahlenmäßigen Überlegenheit mussten die Quraischiten schon bald die Flucht antreten. Die quraischitischen Frauen, die gekommen waren, um den polytheistischen Kämpfern Mut zu machen, hatten ebenfalls jegliche Hoffnung verloren und wandten sich gemeinsam mit den Männern zu Flucht.
Die Muslime begannen nun, den fliehenden Feind zu verfolgen. Jede militärische Formation löste sich dabei auf, und die Kämpfer verteilten sich auf dem gesamten Schlachtfeld. In der Annahme, dass die Schlacht nun gewonnen sei, begannen die muslimischen Kämpfer, die Kriegsbeute einzusammeln. Die Bogenschützen, die den Engpass sperrten, hatten auf ihrem Hügel das ganze Geschehen beobachtet und strahlten nun vor Siegesglück. Der Feind war geflüchtet und die Kriegsbeute wartete nur darauf, eingesammelt zu werden. Wozu also noch ausharren, dachten sie sich, und

stürmten von ihrem Hügel auf das Schlachtfeld. Ihr Kommandant Abdullah ibn Dschubeyr رضي الله عنه versuchte sie aufzuhalten und rief ihnen noch hinterher: „Habt ihr den Befehl des Propheten vergessen?“ Sein Ruf fand jedoch kein Gehör. Nur acht Mann waren mit Abdullah رضي الله عنه auf dem Hügel verblieben. Insgesamt also nur neun Mann, die der Anordnung des Propheten ﷺ Folge leisteten und versuchten, die feindliche Kavallerie fernzuhalten.

Das Geschehen auf dem Hügel blieb auch dem Feind nicht verborgen. Auf solch eine Gelegenheit hatte der Kommandant des rechten Flügels der Quraischiten, Khalid ibn Welid, nur gewartet. Mit der Kavallerie, die noch nicht geflohen war, stürmte er den Ayneyn-Hügel und griff die übrig gebliebenen Bogenschützen an. Abdullah ibn Dschubeyr رضي الله عنه und die verbliebenen Muslime verteidigten tapfer ihren Posten. Nachdem sie ihre Pfeile verschossen hatten, kämpften sie mit ihren Speeren und ihren Schwertern weiter. Die Handvoll muslimischer Bogenschützen hatte gegen die feindliche Übermacht aber keine Chance. Trotz dieser aussichtslosen Situation blieben sie aber auf ihrem Posten, so wie der Prophet ﷺ es ihnen befohlen hatte, und starben schließlich den Märtyrertod.

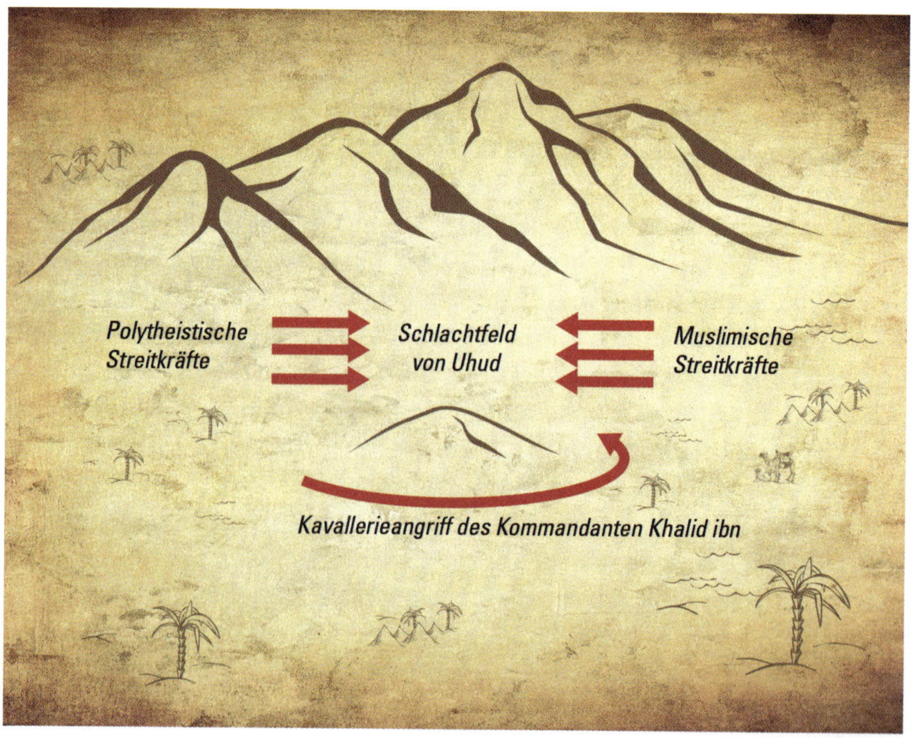

Die Schlacht von Uhud.

Nun stand die hintere Flanke der muslimischen Armee einem Angriff der feindlichen Reiterei offen. Die muslimischen Kämpfer auf dem Schlachtfeld waren mit dem Einsammeln der Kriegsbeute beschäftigt und hatten daher von dem Gefecht auf dem Hügel nichts mitbekommen. So war es für sie eine verheerende Überraschung, als plötzlich die feindliche Kavallerie hinter ihrem Rücken auftauchte und im vollen Galopp auf sie zustürmte. Die Reiterattacke des Khalid ibn Welid führte dazu, dass die fliehenden Quraischiten wieder Mut fassten und einen erneuten Angriff auf die überraschten Muslime durchführten. Panik machte sich in der muslimischen Armee breit, die nun von zwei Seiten gleichzeitig angegriffen wurde. Es entwickelten sich heftige Kämpfe, in deren Folge sich die Quraischiten bis in die Nähe des muslimischen Hauptquartiers vorkämpfen konnten. Währenddessen war auch Wahschi dem Geschehen nicht ferngeblieben und hatte sich seinem Ziel, Hamza رضي الله عنه, genähert. Hamza رضي الله عنه versuchte die Flut der anstürmenden Polytheisten zurückzuwerfen und bezwang im Nahkampf einen Gegner nach dem anderen. Wahschi, der sich einzig und allein auf Hamza رضي الله عنه konzentrierte, wartete auf den geeigneten Zeitpunkt für den Wurf und schleuderte seine Waffe zielgenau auf sein Opfer. Der Speer durchbohrte Hamza رضي الله عنه und tötete ihn. Nach dem Gefecht schnitt Wahschi den Bauch von Hamza رضي الله عنه auf, entnahm ihm seine Leber und brachte sie seiner Auftraggeberin Hind, um seine Belohnung zu erhalten. Er sagte: „O Hind! Hier hast du die Leber desjenigen, der deinen Vater getötet hat."

Die Quraischiten konzentrierten ihren Angriff nun auf den Propheten Muhammed ﷺ und versuchten, zu ihm vorzustoßen und ihn zu töten. Um den Propheten ﷺ hatten sich 14 seiner Gefährten versammelt, darunter Ebu Bekir رضي الله عنه, Umer رضي الله عنه, Ali رضي الله عنه, Abdurrahman رضي الله عنه, Zubeyr رضي الله عنه, Talha رضي الله عنه, Sa'd رضي الله عنه, Ebu Ubeyde رضي الله عنه und Ebu Dudschane رضي الله عنه. Sie versuchten ihn so gut sie konnten gegen die Angriffe der Polytheisten zu schützen. Die Polytheisten waren aber in der Überzahl, und so gelang es den Muslimen nicht, den Propheten ﷺ ausreichend abzuschirmen. Durch einen Stein, den ein Quraischit auf den Propheten ﷺ schleuderte, wurde seine Lippe aufgerissen und ein Zahn ausgeschlagen. Einem anderen Polytheisten gelang es, sich bis zum Propheten ﷺ durchzukämpfen und ihn direkt anzugreifen. Sein Schwerthieb traf den Helm des Propheten ﷺ und war so wuchtig, dass er diesen in zwei Teile spaltete.

In diesem Handgemenge wurde der Gefährte Mus'ab ibn Umeyr von einem Quraischiten getötet. Mus'ab trug – ebenso wie der Prophet ﷺ

auch – eine Rüstung, daher hatte ihn der Quraischit für den Propheten ﷺ gehalten. Voller Stolz rief er: „Ich habe Muhammed getötet! Ich habe Muhammed getötet!“ Ein anderer Polytheist stieg auf einen Hügel und schrie: „Muhammed wurde getötet! Muhammed wurde getötet!“ Diese Nachricht führte zu einer allgemeinen Verwirrung und einer Panik unter den muslimischen Kämpfern. Man hörte nun auch die Muslime rufen: „Der Prophet ist tot, der Prophet ist tot!“ Einzelne Teile der Armee begannen sich aufzulösen. Ein Teil der Muslime floh sogar bis Medina. Der Großteil versuchte sich jedoch auf den Berg Uhud zurückzuziehen. Der endgültige Zusammenbruch schien sich anzubahnen. In den Wirren dieser panikartigen Flucht erhob sich jedoch plötzlich eine Stimme, die eine Wende bewirken sollte. Es war die Stimme von Enes ibn Nadir رضي الله عنه. Er hatte an der Schlacht von Bedr nicht teilgenommen und dies stets bereut. Während seine Gefährten jegliche Hoffnung verloren, hatten rief er ihnen zu: „O Muslime! Auch wenn der Prophet tot ist, so ist doch Allah unsterblich. Warum denn noch leben, wenn der Gesandte Allahs bereits gestorben ist? Wollt ihr denn nicht auf Allahs Weg kämpfen und zu ihm gelangen?“ Enes ibn Nadir رضي الله عنه hob sein Schwert und stürmte in die Flut der angreifenden Quraischiten. Sein Heldenmut und seine Verwegenheit spornten die anderen Muslime an, die nun wieder Mut fassten und begannen, dem Feind wieder die Stirn zu bieten. In dem Schlachtgetümmel erblickte der Gefährte Ka´b ibn Malik رضي الله عنه jetzt auch den Propheten Muhammed ﷺ und begann lauthals zu rufen: „Eine frohe Nachricht, o Muslime! Der Gesandte Allahs ist hier!“ Nahezu 30 Gefährten hatten Ka´bs رضي الله عنه Worte mitbekommen. Sie eilten zum Propheten ﷺ, bildeten einen Kreis um ihn und versuchten, ihn gegen die Angriffe der Quraischiten zu beschützen.

In der Zwischenzeit hatten auch die Muslime, die in Medina verblieben waren, die Nachricht vom angeblichen Tod des Propheten ﷺ erhalten und waren zum Schlachtfeld geeilt. Unter ihnen befand sich auch Fatima رضي الله عنها, die Tochter des Propheten ﷺ, die mit 14 anderen Frauen nach Uhud gekommen war. Als sie mit Alis رضي الله عنه Hilfe ihren Vater lebend vorfand, umarmte sie ihn überglücklich und begann zu weinen. Dann wischte sie ihm das Blut von seinem Gesicht ab. Die anderen Frauen begannen, die Wunden der Verletzten zu versorgen und gaben ihnen zu essen und zu trinken.

Es hatte die Gefährten des Propheten ﷺ sehr betrübt, als sie gesehen hatten, welche Verletzungen der Gesandte Allahs davongetragen hatte. Sie sagten zu ihm: „O Gesandter Allahs! Richte doch gegen die Polytheisten ein Bittgebet an deinen Herrn.“ Daraufhin entgegnete der Prophet ﷺ: „Ich wurde nicht zum Fluchen gesandt, sondern als Rechtleiter und als eine Gnade Allahs." Dann sprach er das folgende Bittgebet: „O Allah! Leite meinen Stamm zum rechten Weg."

Die Polytheisten hatten ihr Ziel nicht erreicht. Nachdem die Muslime die Gewissheit erlangt hatten, dass der Prophet ﷺ noch lebte, fassten sie wieder Mut, wandten sich erneut gegen den Feind und begannen ihm wieder schmerzhafte Verluste zuzufügen. Dies flößte den Quraischiten Respekt ein. Ihr Angriff kam dadurch ins Stocken und sie begannen sich etwas zurückzuziehen. Die Gefährten nutzten diese Möglichkeit, um sich ihrerseits gemeinsam mit dem Propheten Muhammed ﷺ auf den Berg Uhud zurückzuziehen. Das Feuer der Schlacht erlosch endgültig, nachdem die Quraischiten eingesehen hatten, dass sie gegen die Muslime auf der Anhöhe nicht ankommen konnten. So zogen die Quraischiten in Richtung Mekka ab. Bevor auch Ebu Sufyan sich abwandte, rief er den Muslimen noch zu: „Wir haben uns für die Niederlage bei Bedr gerächt. Lasst uns nächstes Jahr erneut bei Bedr treffen."
Darauf antwortete Umer رضي الله عنه mit dem Einverständnis des Propheten ﷺ: „Abgemacht. So Allah will, wird dies unser Treffpunkt sein."

Nachdem die Quraischiten abgezogen waren, besichtigte der Prophet ﷺ das Schlachtfeld. Auf der Seite der Muslime waren 70 Mann gefallen. Die Polytheisten hatten 22 Mann verloren. Als der Prophet ﷺ den zerstückelten Leichnam von Hamza رضي الله عنه erblickte, war er zutiefst erschüttert. Er ließ die Märtyrer mitsamt ihrer blutigen Kleidung beerdigen.
In der Zwischenzeit hatten sich die zurückmarschierenden Quraischiten von der Anspannung der Schlacht und dem Schock über das Wiedererstarken der Muslime gegen Ende der Schlacht erholt. Einige Polytheisten machten den Vorschlag, noch einmal umzukehren und den angeschlagenen Muslimen nachzusetzen. Wenn man schon den Sieg in der Tasche gehabt hatte, so argumentierten sie, hätte man das Ganze ein für alle Mal beenden sollen. Für Ebu Sufyan klang dies plausibel, und so ließ er die Armee wieder zurück nach Medina marschieren, um den Muslimen den endgültigen Todesstoß zu versetzen.
Die Nachricht vom erneuten Anmarsch der Quraischiten erreichte schon kurze Zeit später den Propheten Muhammed ﷺ. Um einem Angriff auf Medina zuvorzukommen und durch eine Offensive dem Feind zu zeigen, dass die Muslime ganz und gar nicht eingeschüchtert, sondern ganz

im Gegenteil geradezu auf einen erneuten Waffengang aus waren, ließ der Prophet ﷺ bereits am Morgen nach der Schlacht, im Anschluss an das Morgengebet, die folgende Order an die Muslime verkünden: „Der Gesandte Allahs befiehlt euch, den Feind zu verfolgen! Diejenigen, die bei Uhud nicht dabei waren, sollen nicht mitkommen. Es sollen nur diejenigen mitkommen, die auch bei Uhud mitgekämpft haben."
Durch diese Order wurde nebenbei dem Heuchler Abdullah Ebu Ubey und allen anderen, die mit ihm zusammen die Muslime kurz vor der Schlacht im Stich gelassen hatten, eine Abfuhr erteilt. Diejenigen aber, die am Tag zuvor gekämpft hatten, versammelten sich und zogen mit dem Propheten ﷺ nach Hamara El-Esed, einem etwa acht Kilometer von Medina entfernten Ort, um hier dem Feind zu begegnen. Nahezu alle Muslime, samt dem Propheten ﷺ, waren verletzt. Einige schleppten sich regelrecht zum nächsten Schlachtfeld, andere wurden dahin getragen. Als die Quraischiten die Nachricht erhielten, dass die Muslime gefechtsbereit bei Hamara El-Esed auf sie warteten, durchfuhr sie ein Schreck, und sie kehrten auf der Stelle nach Mekka zurück. Die Muslime blieben insgesamt drei Tage in Hamara El-Esed. Als sie die Nachricht vom Rückzug der Quraischiten erhielten, kehrten auch sie wieder zurück nach Medina.
Das eigensinnige Handeln einiger weniger hatte die Gemeinschaft der Muslime in der Schlacht von Uhud um den Sieg gebracht. Der anfängliche Erfolg hatte sich durch die Missachtung der Befehle des Propheten Muhammed ﷺ in einen herben Rückschlag verwandelt. Dies war den Muslimen eine Lehre, die sich nach dem Schock wieder fassten und sich den Anordnungen des Propheten ﷺ absolut fügten.

Eine neue Gesellschaft

Während in der Folgezeit auf der einen Seite die Sicherheit des islamischen Gemeinwesens gewährleistet wurde, wurden auf der anderen Seite die vorhandenen wirtschaftlichen und juristischen Strukturen in Medina reformiert. Der Gesandte Allahs ﷺ verkündete nicht nur die Religion, sondern kam auch seinen Verpflichtungen als Staatsoberhaupt, Heerführer und Familienvater nach.
Die Glaubenspraxis der Muslime beinhaltete nicht nur gottesdienstliche Handlungen, die sich auf das Individuum bezogen, sondern auch solche, die auf die Gesellschaft bezogen waren. Wohlhabende Muslime waren

verpflichtet, alljährlich einen Teil ihres Vermögens an bedürftige Muslime oder an Menschen, die dem Islam zugeneigt waren, zu entrichten. Nachdem das Fasten im Monat Ramadan zur Pflicht geworden war, hatten sie zudem die sogenannte Sadeqatul Fitr (die Abgabe am Ende des Fastenmonats) zu entrichten.

Der Markt von Medina entwickelte sich zu einem Ort, wo Handel nach islamischen Maßstäben und islamischem Recht getrieben wurde. Als der Prophet Muhammed ﷺ beispielsweise einmal den Markt besuchte, bemerkte er, dass ein Händler an seinem Stand die hochwertigen Produkte vorne zur Schau stellte, während er den Kunden die minderwertigen Produkte aus den hinteren Reihen verkaufte. Der Prophet ﷺ ermahnte den Verkäufer und verbot diese Art von Betrug.

Unter der Führung des Propheten Muhammed ﷺ wurde Medina zu einem Gesellschaftsmodell und einem Musterbeispiel für alle Muslime bis zum Jüngsten Tag entwickelt. In seinen letzten zehn Lebensjahren wurde hier eine gerechte Ordnung geschaffen, die alle Lebensbereiche der Menschen regelte. Hierzu zählen unter anderem die Reform des Erbschaftsrechts, des Schuldrechts, das Alkohol-, Zins und Glücksspielverbot, aber auch zwischenmenschliche Normen wie Fürsorge und Beziehung zu Eltern, Verwandten und Nachbarn. Damit wurde in Medina das Fundament für die islamische Zivilisation gelegt und diese begründet.

Das Ereignis am Bir Maʿune

Vier Monate nach der Schlacht von Uhud kam ein Stammesführer aus dem zentralarabischen Nedschd zum Propheten Muhammed ﷺ. Sein Name war Ebu Bera. Er war das Oberhaupt des Clans der Beni Amir. Ebu Bera richtete eine Bitte an den Propheten ﷺ: „O Muhammed! Wenn du den Bewohnern des Nedschd Gelehrte schicken würdest, die sie den Islam lehren, so habe ich die Hoffnung, dass sie Muslime werden würden."
Der Gesandte Allahs ﷺ stand dieser Bitte allerdings nicht wohlwollend gegenüber und sagte daher: „Ich bin misstrauisch was den Nedschd anbelangt. Ich bin verantwortlich für das Leben meiner Freunde, die dorthin reisen würden." Ebu Bera aber beharrte auf seinem Wunsch und

sagte: „Ich versichere ihnen, dass die Lehrer, die sie schicken, unter meinem persönlichen Schutz stehen werden. Niemand wird ihnen ein Leid zufügen. “

Ebu Bera war zwar kein Muslim, aber er interessierte sich für den Islam und war in seinem Anliegen aufrichtig. Der Prophet ﷺ gab dem Drängen von Ebu Bera schließlich nach und beauftragte 70 Angehörige der Ashabu Suffe, unter der Führung von Munzir ibn Amr رضي الله عنه nach Nedschd zu reisen und den Menschen dort den Islam zu lehren. Ebu Bera gab ihnen einen Brief für seinen Neffen Amir mit.
Die Gruppe, die sich auf die beschwerliche Reise in das Innere der Arabischen Halbinsel aufgemacht hatte, rastete am Brunnen Bir Ma'une, in der Nähe des Nedschd. Sie warteten hier, während sie einen Gefährten mit dem Brief von Ebu Bera zu dessen Neffen Amir sandten. Als der Gefährte das Schreiben überbrachte, zerriss Amir jedoch den Brief, ohne ihn überhaupt gelesen zu haben, und ermordete anschließend den Überbringer. Sodann wollte er mit seinem Stamm die Muslime angreifen, seine Stammesangehörigen weigerten sich jedoch, gegen den Willen von Ebu Bera zu handeln, und verweigerten ihm den Gehorsam. Daraufhin sicherte sich Amir die Unterstützung des Stammes der Suleym zu und überfiel die ahnungslosen Muslime bei Bir Ma'une. Fast alle Muslime wurden getötet. Lediglich einer, Ka'b ibn Zeyd رضي الله عنه, konnte verletzt fliehen. Ein weiterer, Amr ibn Umeyye رضي الله عنه, wurde gefangengenommen und kehrte später nach seiner Freilassung ebenfalls nach Medina zurück. Als die eingekreisten Gefährten erkannt hatten, dass es für sie keinen Ausweg mehr gibt und sie gleich den Märtyrertod sterben würden, wandten sie sich an Allah den Erhabenen und sprachen: „O Allah! Hier findet sich niemand außer Dir, der dem Gesandten unsere Lage mitteilt. Übermittle ihm unseren Gruß.“ Daraufhin erschien dem Propheten Muhammed ﷺ der Offenbarungsengel Dschibril عليه السلام und übermittelte ihm die folgende Botschaft: „Sie sind bei ihrem Herrn angekommen. Ihr Herr ist mit ihnen wohlzufrieden und Er hat sie zufriedengestellt.“
Die Nachricht über den Vorfall bei Bir Ma'une setzte dem Propheten ﷺ schwer zu. Der Gefährte Enes رضي الله عنه berichtete: „Ich habe noch nie erlebt, dass der Gesandte Allahs ﷺ so sehr über etwas getrauert hat, wie er über die Gefährten trauerte, die bei Bir Ma'une den Märtyrertod starben.“
Wie sehr ihn das Ganze bekümmert hat, lässt sich außerdem daran erkennen, dass der Prophet ﷺ einen Monat lang in seinen Bittgebeten nach jedem Morgengebet die Schuldigen dieser Tat verflucht hat. Als Ebu Bera von diesem Fluch hörte, starb er kurze Zeit später aus Kummer. Auch sein Neffe Amir fand bald danach den Tod.

Der Grabenkrieg

Als der Gefährte Amr ibn Umeyye رضي الله عنه – der bei Bir Ma'une gefangengenommen und später freigelassen worden war – auf seiner Heimreise zwei Angehörige des Stammes antraf, der ihn und seine Gefährten angegriffen hatte, tötete er diese. Er konnte nicht wissen, dass die beiden gerade den Propheten ﷺ in Medina besucht hatten und unter seinem Schutz standen. Somit musste für diese beiden Blutgeld entrichtet werden. Nach dem Abkommen von Medina, das der Prophet mit den hiesigen Stämmen geschlossen hatte, mussten auch diese einen Anteil des Blutgeldes übernehmen. Um diese Angelegenheit zu besprechen, ging der Prophet mit einigen wenigen seiner Gefährten zum jüdischen Stamm der Beni Nadir. Die Beni Nadir lebten in einer Festung etwas außerhalb der Stadt. Sie waren erstaunt, als der Prophet ﷺ mit so wenigen Begleitern erschien. Die Beni Nadir, die den Propheten ﷺ als eine wachsende Gefahr für ihre politische und wirtschaftliche Stellung in Medina betrachteten, pflegten seit der Schlacht von Uhud eine enge Beziehung zu den Quraisch und den Heuchlern in Medina. So schien ihnen dieser Besuch als eine einmalige Gelegenheit, sich des Propheten ﷺ zu entledigen. Sie begegneten dem Propheten ﷺ äußerst freundlich und erklärten sich bereit, ihren Anteil des Blutgeldes zu bezahlen. Sie baten ihn, sich in den Schatten eines Hauses zu setzen, während sie den entsprechenden Betrag besorgen wollten. In Wirklichkeit beabsichtigten sie aber, einen schweren Stein vom Dach des Hauses auf den Propheten ﷺ fallen zu lassen und ihn so zu töten. Als der Prophet ﷺ mit seinen Gefährten im Schatten des Hauses saß, stieg ein Attentäter auf das Dach, während seine Komplizen den Stein hochtragen wollten. In diesem Moment kam der Offenbarungsengel Dschibril عليه السلام zum Propheten ﷺ und teilte ihm die Attentatspläne der Beni Nadir mit. Der Prophet ﷺ erhob sich und entfernte sich mit schnellen Schritten in Richtung Stadt. Der Plan der Beni Nadir war gescheitert. Gleichzeitig war damit aber auch das Abkommen, das sie mit dem Propheten ﷺ geschlossen hatten, gebrochen. Der Prophet ﷺ sandte daraufhin einen Boten zu den Beni Nadir und forderte sie auf, entweder den Vertrag über die friedliche Koexistenz zu erneuern oder aber innerhalb von zehn Tagen Medina zu verlassen. Mit der Ermutigung der Heuchler lehnten die Beni Nadir das Ultimatum des Propheten ﷺ jedoch ab. Daraufhin begannen die Muslime, die Festung der Beni Nadir zu belagern. Nach 15 Tagen Belagerung kapitulierten die Beni Nadir und erklärten sich bereit, Medina zu verlassen.

Der Großteil der Beni Nadir siedelte in das ca. 200 Kilometer nördlich von Medina gelegene Khayber um. Um sich für die Vertreibung zu rächen, schlugen sie den Quraisch ein Bündnis gegen die Muslime vor und versuchten, auch andere Stämme für ihre Koalition zu gewinnen. Im Winter des fünften Jahres der Hidschra stellten die Quraisch eine 10.000 Mann starke Armee auf, mit der sie Medina anzugreifen beabsichtigten. Der Stamm der Huzaa war mit den Muslimen verbündet und informierte den Propheten ﷺ über die Kriegsvorbereitungen der Quraisch. Um die Lage genauer beobachten zu können, ritt der Prophet ﷺ mit einigen seiner Gefährten aus und erkundete die Verteidigungsmöglichkeiten für Medina. Der Feind konnte nur von Norden oder Nordwesten angreifen. Selman El-Farisi رضي الله عنه, ein Gefährte des Propheten رضي الله عنه, der aus Persien stammt, machte folgenden Vorschlag: „O Gesandter Allahs! In Persien umgaben wir unsere Städte mit Gräben, um uns vor Reiterangriffen zu schützen."
In der Kriegstradition der Araber gab es solch eine Verteidigungstaktik nicht. Dennoch wurde der Vorschlag akzeptiert. Auch die Gefährten, die sich seinerzeit bei Uhud für den Angriff ausgesprochen hatten, stimmten diesmal für die Verteidigung.
Die Muslime begannen schon bald mit den Grabungsarbeiten. Der Gesandte Allahs ﷺ arbeitete ebenfalls mit und spornte zugleich seine Gefährten an. Da der Feind bereits im Anmarsch war, musste der Graben so schnell wie möglich fertiggestellt werden. Aus diesem Grund hatte man nicht die Möglichkeit gehabt, die Versorgung für die Grabungsarbeiten sicherzustellen. Daher fehlte es den Arbeitenden oft an Nahrung und die Muslime mussten die meiste Zeit hungernd die Gräben ausheben.
Als die Arbeiten abgeschlossen waren, hatten die Muslime einen so tiefen und breiten Graben ausgehoben, dass es für die feindliche Kavallerie nun fast unmöglich war, auf die andere Seite zu gelangen. Die ausgehobene Erde wurde als eine Art Schutzwall auf der zur Stadt hin gelegenen Seite des Grabens aufgeschüttet. Die Gefährten nahmen ihre Verteidigungsposten ein und warteten auf den Feind. Die muslimische Armee zählte insgesamt rund 3.000 Mann.

Die Quraischiten und ihre jüdischen Verbündeten beabsichtigten, die Muslime durch ihre gewaltige Übermacht einfach zu überrennen und siegreich in die Stadt einzuziehen. Als sie sich aber Medina näherten,

stießen sie auf die frisch ausgehobenen Gräben. So etwas hatten sie nicht erwartet. Nun standen die Muslime ihren Feinden, lediglich von einem tiefen Graben getrennt, gegenüber.
Die Schlacht begann mit gegenseitigem Pfeilbeschuss. Nur einigen wenigen polytheistischen Reitern gelang es, den Graben zu überwinden. Sie wurden sofort von Ali رضي الله عنه und Zubeyr رضي الله عنه niedergemacht.

Tage vergingen und die Polytheisten konnten keine Gewinne erzielen. Je länger sich die Belagerung hinzog, umso geringer wurden ihre Vorräte und desto mehr sank ihre Moral. Als sich erste Anzeichen für eine Auflösung des Heeres bemerkbar machten, nahm Huwey, der Kommandant der jüdischen Truppen, Kontakt mit dem – ebenfalls jüdischen – Stamm der Beni Kurayza auf. Die Beni Kurayza gehörten zu den in Medina ansässigen Stämmen. Sie hatten das Abkommen von Medina unterzeichnet und sich damit dazu verpflichtet, die Muslime beim Abwehrkampf gegen den Feind zu unterstützen. Huwey überredete die Beni Kurayza jedoch, den Vertrag zu brechen, sich mit den Quraischiten zu verbünden und die Muslime hinterrücks anzugreifen.

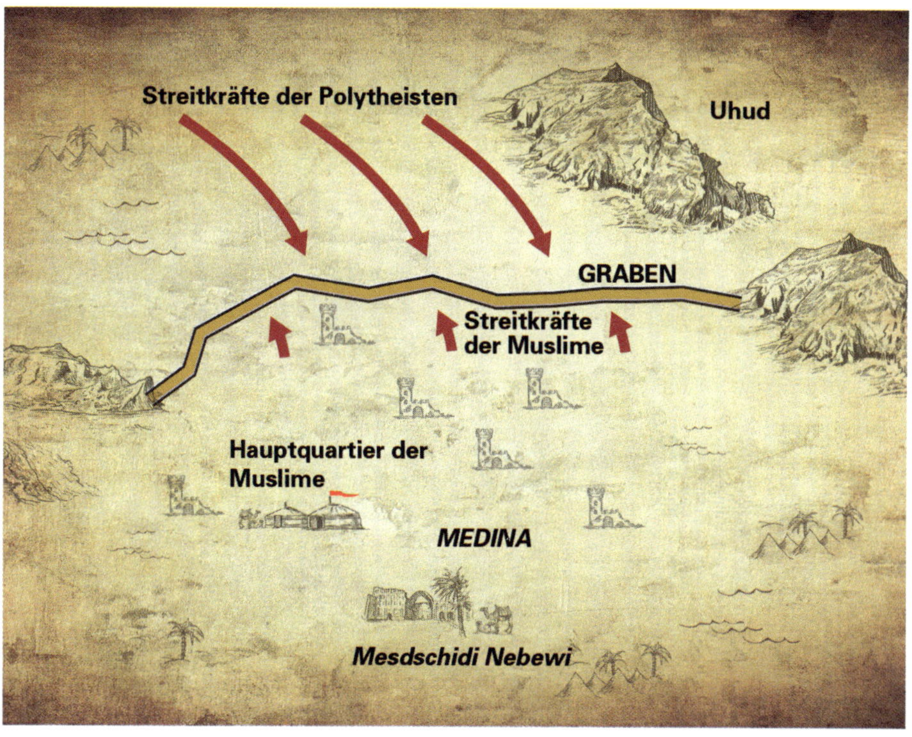

Der Grabenkrieg.

Nun befand sich das muslimische Heer zwischen zwei Fronten. Die islamische Armee wurde von beiden Seiten stark bedrängt. Genau in diesem Augenblick kam die Hilfe Allahs. Nuaym رضي الله عنه, ein arabischer Stammesführer, kam zum Propheten ﷺ und teilte ihm mit, dass er den Islam angenommen habe. Da noch niemand Kenntnis von seiner Annahme des Islam hatte, wollte der Prophet ﷺ dies zum Vorteil der Muslime nutzen. Er sagte zu ihm: „Trenne dich von uns, bleib nicht hier. Denn Krieg ist eine List."
Der Prophet ﷺ gab Nuaym die folgende Anweisung: Nuaym رضي الله عنه sollte seinen Übertritt verheimlichen. Er sollte zu den Anführern der Beni Kurayza gehen und ihnen folgendes sagen: „O Juden der Beni Kurayza! Was geschieht eigentlich, wenn sich die Quraischiten plötzlich gezwungen sehen, nach Mekka zurückzukehren, werden euch die Muslime dann nicht äußerst hart bestrafen? Habt ihr denn irgendeine Garantie dafür, dass sich die Quraischiten nicht zurückziehen werden? Nehmt doch einige angesehene Mitglieder von ihnen als Geiseln! Sie werden für euch eine Sicherheit darstellen." Dann ging er zu den Quraischiten und sagte ihnen: „O Quraisch! Die Juden des Beni Kurayza-Stammes haben sich mit den Muslimen geeinigt. Sie werden einige von euch als Geiseln einfordern. Diese Geiseln wollen sie dann Muhammed ausliefern, um sich mit ihm zu verbünden. Ich rate euch, nehmt euch in Acht vor den Juden und vertraut ihnen nicht!"

Die Quraischiten beabsichtigten, am Samstag einen Generalangriff durchzuführen. Sie informierten die Beni Kurayza über ihre Angriffspläne, damit auch diese sich vorbereiten konnten. Die Beni Kurayza lehnten aber einen Angriff an einem Samstag, dem jüdischen Ruhetag, ab, und forderten zugleich 70 Geiseln von den Quraischiten als Sicherheit dafür, dass sie von ihnen nicht im Stich gelassen würden. Die Quraischiten lehnten dies ab und fanden in der Forderung der Beni Kurayza die Warnungen des Nuaym رضي الله عنه bestätigt. Die Beni Kurayza sahen ihrerseits die Warnungen von Nuaym رضي الله عنه bestätigt und zogen sich aus den Kämpfen zurück.

Am Abend des 27. Tages der Belagerung brach an der Grabenfront ein Sturm los. Die angehäufte Erde des Schutzwalls wehte den Polytheisten ins Gesicht. Sie konnten nichts mehr erkennen. Die Lagerfeuer, die sie sich in der kalten Wüstennacht zum Wärmen angezündet hatten, erloschen. Der Drang nach Vergeltung und die Lust zum Kampf erloschen bei ihnen nun ebenfalls. Da sagte Ebu Sufyan: „O Gemeinschaft der Quraisch! Unsere Pferde und Kamele verenden. Die Beni Kurayza haben uns auf halbem Wege im Stich gelassen. Der Wind hat uns weder Zelte noch Feuer gelassen. Rettet euch, bevor die Muslime angreifen! Kehrt zurück nach Mekka! Ich jedenfalls gehe jetzt.“ Ebu Sufyan bestieg sein Kamel und ritt zurück nach Mekka.

Dies war das Ende der Grabenschlacht, die mit einem Sieg der Muslime endete. Die Muslime hatten sechs Mann verloren, ihre Feinde hatten acht Tote zu beklagen. Demoralisiert und mit leeren Händen kehrten ihre Feinde zurück in ihre Heimat. Die Muslime kehrten ebenfalls in ihre Häuser zurück und auch der Prophet ﷺ ging nach Hause. Als er daheim seine Rüstung ablegte, erschien ihm der Engel Dschibril عليه السلام. Er forderte den Propheten ﷺ auf, den Kampf fortzuführen, und zeigte dabei auf die Festung der Beni Kurayza. Die Beni Kurayza, die sich mit den Quraisch verbündet und damit das Abkommen von Medina gebrochen hatten, die Verrat am Propheten ﷺ begangen und die zweite Front im Rücken der Muslime eröffnet hatten, befanden sich noch in ihrer Festung bei Medina und stellten somit weiterhin eine permanente Gefahr dar.
Die Muslime versammelten sich daher erneut und zogen gegen die Festung der Beni Kurayza. Der Prophet ﷺ bot den Beni Kurayza an, Muslime zu werden, doch lehnten sie dies ab. Sodann forderte er ihre Kapitulation. Dies lehnten sie ebenfalls ab. Daraufhin begannen die Muslime mit der Belagerung der Festung. Während dieser hielten die Heuchler Medinas ständig Kontakt zu den Belagerten, trieben sie dazu an, ihren Widerstand fortzuführen und machten ihnen Hoffnung auf Hilfe. Nach 30 Tagen aber kapitulierten die Beni Kurayza. Sie stimmten zu, dass der Gefährte Sa'd ibn Muadh رضي الله عنه als Richter das Urteil über sie sprechen sollte. Sa'd رضي الله عنه entschied sich nach dem schwerwiegenden und niedrigen Verrat der Beni Kurayza für ein hartes Vorgehen und sprach das Urteil über den jüdischen Stamm nach ihrem eigenen Gesetz, gemäß dem Alten Testament (5. Buch Mose Deuteronomium, 20, 10-18) für den Umgang mit einer belagerten Stadt, selbst wenn dessen Bewohner keines Verrats schuldig waren, wonach alle kriegstauglichen Männer hinzurichten und die Frauen, Kinder sowie Greise in die Gefangenschaft zu führen waren.

Das Abkommen von Hudeybiye

Es war das sechste Jahr der Hidschra, mehrere Monate nach dem Grabenkrieg. Seit sechs Jahren waren die Auswanderer nun schon aus Mekka ausgewandert. Ihre Sehnsucht nach der Stadt und nach der Kaaba wurde von Tag zu Tag stärker. Sie vermissten die Stadt, in der sie geboren und aufgewachsen waren. Ihnen fehlte die Kaaba, der sie sich in jedem Gebet zuwandten. Der Gesandte Allahs ﷺ hatte ebenfalls das Verlangen, endlich wieder die Kaaba zu besuchen. Die Kaaba war sowohl den Muslimen als auch den Polytheisten heilig. Kriegerische Auseinandersetzungen waren in den sogenannten „Verbotenen Monaten“ untersagt, ein Gesetz, das die polytheistischen Araber noch aus der Zeit der Propheten Ibrahim عليه السلام und Ismail عليه السلام übernommen hatten. Sogar die umliegenden Beduinenstämme, die sich wegen Wasser und Weideflächen ständig bekriegten, hielten sich an dieses Gesetz. Dies ging sogar so weit, dass ein Sohn, der in diesen Monaten den Mörder seines Vaters antraf, diesen unbehelligt ließ, ja es nicht einmal wagte, ihn auch nur zu beschimpfen. Wieso sollten dann nicht auch die Muslime die Kaaba in dieser Zeit besuchen dürfen?

Der Prophet ﷺ gab die Anweisung, dass all jene, die beabsichtigten, mit ihm die Umreh, die kleine Pilgerfahrt außerhalb der eigentlichen Pilgersaison, durchzuführen, sich hierfür vorbereiten sollten. Nichtmuslime waren ebenfalls zu der Reise eingeladen. Dadurch wollte der Prophet ﷺ den Quraisch zeigen, dass er keine feindlichen Absichten hegte. Im Monat Dhul Qade, dem elften Monat nach dem arabischen Kalender des Jahres 6 nach der Hidschra, brachen mehr als 1.400 Personen von Medina nach Mekka auf, um die Umreh durchzuführen. Sie führten etwa 70 Opfertiere mit. Auf dem Weg legten sie ihre Weihegewänder (Ihram) an. Zur Verteidigung führten sie lediglich ihre Schwerter mit sich.

Als die Quraisch erfuhren, dass sich der Gesandte Allahs ﷺ mit über 1.000 Mann in Weihegewändern Mekka näherte, wussten sie nicht, wie sie darauf reagieren sollten. Einerseits glaubten sie nicht daran, dass die Muslime lediglich mit der Absicht zur Umreh gekommen waren, zum anderen war aber in der Geschichte Mekkas noch nie jemand zurückgewiesen worden, der mit der Absicht der Umreh und im Weihegewand die Stadt betreten wollte. Zudem war im Umfeld der Kaaba das Kämpfen untersagt. Die einzige Lösung sahen sie darin, die Muslime abzufangen, noch bevor diese Mekka erreicht hatten, und sie zur Umkehr zu bewegen. Zu diesem Zweck entsandten sie eine Reitertruppe unter der Führung von Khalid ibn Welid und Ikrime, dem Sohn des Ebu Dschehl. Als der Prophet ﷺ

Hudeybiye, 17 Kilometer nordwestlich von Mekka, erreichte, senkte sich sein Kamel nieder und weigerte sich, wieder aufzustehen. Dies entsprach ganz und gar nicht der Gewohnheit dieses Tieres. Der Prophet ﷺ erkannte sofort, was dies zu bedeuten hatte, und sagte: „Derjenige (d.h. Allah), der den Elefanten daran hinderte, Mekka zu betreten, hält nun auch mein Kamel davon ab."
Nun kam Budeyl ibn Werka, Oberhaupt des mit den Muslimen verbündeten Stammes Huzaa, zum Propheten und berichtete ihm von den Befürchtungen, die die Quraisch über sein Kommen hegten. Der Prophet ﷺ erzählte ihm, dass man lediglich mit der Absicht zur Umreh gekommen war und kein anderes Ziel verfolgte. Er erklärte sich sogar bereit, Frieden zu schließen, damit das Blutvergießen endlich ein Ende habe. Budeyl ging nach Mekka, berichtete den Quraisch von dem Gespräch und teilte ihnen den Friedensvorschlag des Propheten ﷺ mit. Die Quraisch standen diesem Bericht sehr skeptisch gegenüber. Lediglich einer, Urwe ibn Mes'ud, wollte diese Initiative nicht aus der Hand geben und machte den Vorschlag, als Repräsentant der Quraisch Friedensgespräche aufzunehmen, was schließlich auch angenommen wurde. Als Urwe aus Hudeybiye zurückgekehrt war, sagte er über den Propheten Muhammed: „Ich wurde Zeuge der Herrschaft des persischen Großkönigs, der Macht des byzantinischen Kaisers und der Herrlichkeit des abessinischen Negus. Aber ich schwöre bei Allah, dass ich bis jetzt noch keinen Herrscher gesehen habe, dem solch ein Gehorsam geleistet wird, wie ihm. Hindert sie nicht daran, die Umreh durchzuführen."

Doch weder Urwes Initiative, noch die Anstrengungen der anderen Diplomaten, die nach ihm gesandt wurden, halfen das Misstrauen, dass die Oberen der Quraisch hegten, aus der Welt zu schaffen. Nun handelte der Prophet ﷺ und sandte seinen Gefährten Uthman رضي الله عنه mit der folgenden Anweisung nach Mekka: „Geh zu den Quraischiten und teile ihnen mit, dass wir nicht gekommen sind um zu kämpfen. Sage ihnen, dass wir lediglich die Kaaba besuchen und die Opfertiere, die wir mitführen, schlachten wollen. Sage ihnen, dass wir anschließend wieder heimkehren werden! Und lade sie sodann ein, den Islam anzunehmen."

Uthman رضي الله عنه reiste nach Mekka, überbrachte die Botschaft des Propheten ﷺ und versuchte, mit den Führern der Stadt über die Gewährung der Umreh zu verhandeln. Sein Einsatz blieb aber ebenso erfolglos wie die Gespräche zuvor. Die Quraisch weigerten sich, den Muslimen die Durchführung der Umreh zu gewähren, boten aber Uthman رضي الله عنه an, den Tawaf, die

Umrundung der Kaaba, durchzuführen. Uthman رضي الله عنه weigerte sich jedoch und fügte hinzu, dass er diesen Gottesdienst nur verrichten werde, wenn dies auch dem Propheten ﷺ und den anderen Muslimen erlaubt werde. Diese Reaktion erzürnte die Quraisch und sie stellten Uthman رضي الله عنه unter Arrest. Als sich seine Rückkehr verzögerte, begannen sich die Muslime in Hudeybiye Sorgen zu machen. Nach drei Tagen ohne eine Nachricht über seinen Verbleib verstärkte sich bei ihnen die Vermutung, dass die Quraisch Uthman رضي الله عنه getötet haben könnten. Daraufhin versammelte der Prophet ﷺ seine Gefährten und forderte sie auf, ihm die Bey'ah (den Treueschwur) zu leisten. Der Prophet ﷺ saß dabei unter einem Baum (dem Schedscheretur Ridwan) und gab jedem Muslim einzeln die Hand, während diese ihm gelobten, nicht vor dem Feind zu fliehen und bis zum Tod zu kämpfen. Als die Quraisch von diesem Treueschwur und der Entschlossenheit der Muslime erfuhren, durchfuhr sie ein Schrecken und sie sandten augenblicklich einen Vertreter samt Uthman رضي الله عنه zur Aufnahme von Verhandlungen und dem Abschluss eines Friedensvertrages.

Das Resultat der folgenden Verhandlung war der Vertrag von Hudeybiye. Demnach wurde den Muslimen in diesem Jahr die Durchführung der Umreh nicht gestattet. Stattdessen würden die Quraisch aber im nächsten Jahr Mekka für drei Tage räumen, damit die Muslime in dieser Zeit die Umreh durchführen können. Beide Seiten verpflichteten sich zudem, sich für einen Zeitraum von zehn Jahren nicht anzugreifen. Die Muslime verpflichteten sich weiterhin, alle Quraischiten, die von nun an nach Medina fliehen würden – und seien es auch Muslime – auf Wunsch auszuliefern. Den restlichen arabischen Stämmen wurde es freigestellt, sich nach Wunsch den Muslimen oder den Quraischiten anzuschließen.

Als der Vertrag bereits unterschrieben war, die Delegationen sich aber noch nicht getrennt hatten, erschien Ebu Dschendel رضي الله عنه, der Sohn des quraischitischen Verhandlungsführers Suheyl ibn Amr. Ebu Dschendel رضي الله عنه hatte in Mekka den Islam angenommen und war dafür gefoltert und in Ketten gelegt worden. Trotzdem hatte er es geschafft, zu entkommen und war zum Lager des Propheten ﷺ bei Hudeybiye geflohen. Nun forderte Suheyl die Einhaltung des Vertrages und die Aushändigung seines Sohnes. Der Prophet ﷺ wies Suheyl darauf hin, dass Ebu Dschendel رضي الله عنه noch vor Vertragsabschluss zum Islam übergetreten war. Suheyl beharrte jedoch auf die Aushändigung seines Sohnes und drohte andernfalls damit, den Vertrag für ungültig zu erklären. Ebu Dschendel رضي الله عنه flehte die Muslime an: „O ihr Muslime! Wollt ihr mich den Götzendienern ausliefern, die mich so sehr gefoltert haben, weil ich Muslim geworden bin?“

Da sagte der Prophet ﷺ zu ihm: „O Ebu Dschendel! Habe Geduld. Warte auf den Lohn, den du dafür von Allah erhalten wirst. Ohne Zweifel wird Allah dir und den schwachen und schutzlosen Muslimen bei dir einen Ausweg schaffen. Wir haben mit diesem Volk einen Friedensvertrag geschlossen und ihnen bei Allah unser Wort gegeben. Und sie gaben uns bei Allah ihr Wort. Wir können unser Wort nicht brechen, denn es geziemt sich für uns nicht, Wortbruch zu begehen."

Die Muslime waren über das Abkommen nicht erfreut. Der Zustand von Ebu Dschendel رضي الله عنه bekümmerte alle. Das Abkommen schien zu Ungunsten der Muslime auszufallen. Umer رضي الله عنه konnte nicht umhin, den Propheten ﷺ zu fragen: „O Gesandter Allahs! Warum akzeptieren wir ein solches Abkommen?" Der Prophet ﷺ antwortete: „O Umer! Ich bin Allahs Diener und Gesandter. Ich kann nicht gegen Seine Befehle handeln. Er ist mein Helfer."

Das Abkommen von Hudeybiye, das vermeintlich zu Ungunsten der Muslime ausgefallen zu sein schien, führte tatsächlich aber zum Bruch des Bündnisses zwischen den Quraisch und den jüdischen Stämmen. Gleichzeitig wurden die Muslime als Vertragspartner auf Augenhöhe anerkannt. Nach Vertragsabschluss kehrten die jungen Quraischiten, die zum Islam übergetreten waren, nicht nach Mekka zurück. Sie gingen aber auch nicht nach Medina. Sie ließen sich in Ays nieder, einem Ort, der an der Handelsroute der Quraisch lag, und störten so den Karawanenverkehr der Mekkaner. Dies hatte zur Folge, dass die Quraisch kurze Zeit später von sich aus die Aufhebung des Auslieferungsartikels forderten.

Die Eroberung von Khayber

Khayber war eine nordwestlich von Medina gelegene Stadt, die an der Handelsroute nach Damaskus lag. Sie bestand aus einer großen Festungsanlage mit acht Burgen. Ein Großteil der Juden, die aus Medina verbannt wurden, hatte sich hier niedergelassen. Sie waren Verbündete der Quraisch und hatten am Grabenkrieg teilgenommen.
Die Juden aus Khayber deuteten das Abkommen, das der Prophet Muhammed ﷺ mit den Quraisch geschlossen hatte, als ein Zeichen der Schwäche. Diese Schwäche wollten sie ausnutzen und schlossen so ein

Bündnis mit dem Stamm der Gatafan. Sie trafen Vorbereitungen, um ein Heer aufzustellen, mit dem sie Medina angreifen wollten. Als der Prophet ﷺ von diesem Vorhaben erfuhr, sandte er seinen Gefährten Abdullah ibn Rewaha رضي الله عنه nach Khayber und schlug den Juden ein Friedensabkommen vor, was diese jedoch ablehnten. Daraufhin erwog der Prophet ﷺ, die Initiative zu ergreifen und einem Angriff zuvorzukommen. Er stellte seinerseits ein Heer auf, dem sich aber nur diejenigen anschließen durften, die den Treueschwur bei Hudeybiye geleistet hatten und solche, die auf einen Anspruch auf Kriegsbeute verzichteten. Hierdurch wollte der Prophet ﷺ verhindern, dass sich Personen beteiligten, die lediglich auf Beute aus waren. Daraufhin verzichteten die Heuchler und all jene, deren einzige Ambition die Gier war, auf eine Beteiligung. Die muslimische Armee zählte 1.600 Mann, davon 200 Reiter. Der Armee hatten sich zudem 20 Frauen angeschlossen, darunter Umm Seleme رضي الله عنها, eine der Ehefrauen des Propheten ﷺ. Sie wollten das Essen für die Soldaten zubereiten und die Verwundeten versorgen. Ihr Gegner in Khayber zählte über 10.000 Mann.

Gegen Ende des Monats Muharrem, im neunten Jahr der Hidschra, brach die muslimische Armee nach Khayber auf. Als sie Redschi erreichten, schlugen sie hier ihr Hauptquartier auf. Dieser Ort lag zwischen Khayber und dem Gebiet des Stammes Gafatan. Durch die Besetzung von Redschi blockierten sie den Verbindungsweg zwischen den verbündeten Feinden und verhinderten so, dass die Gafatan ihren Bündnispartner aktiv unterstützen konnten. Von Redschi aus erreichten sie in der Nacht Khayber.

Nachdem gegen Morgen leise der Gebetsruf erklungen war, verrichteten die Muslime gemeinsam das Morgengebet. Erst als die Bauern aus Khayber die befestigte Stadt verließen, um auf ihre Felder zu gehen, wurde das muslimische Heer entdeckt. Panikartig wurde in der Stadt die Ankunft des muslimischen Heeres verkündet. Damit hatte man in Khayber nicht gerechnet. Während die Juden noch dabei waren, sich auf einen Waffengang mit den Muslimen vorzubereiten, standen diese bereits kampfbereit vor ihrer Festung. Trotzdem beschloss die Führung der Stadt nach kurzer Beratung, sich zu verteidigen.

Die Kampfhandlungen begannen mit gegenseitigem Pfeilbeschuss. Die Belagerung zog sich allerdings hin, ohne dass die Muslime in den ersten Tagen irgendwelche Erfolge erzielen konnten. Keine einzige der Burgen konnte eingenommen werden. Dann wurde im Lager der Muslime ein Spion aus Khayber entdeckt und gefangengenommen. In dem folgenden

Verhör erhielten die Muslime von diesem wichtige Informationen über die Festungsanlage und die Verteidigungsstrategie der Juden. Aufgrund dieser Informationen konnten die Muslime nun ihre Kräfte besser einsetzen. Während die anderen Burgen mit minimalen Kräften abgelenkt wurden, griffen die Muslime mit ihrer Hauptstreitmacht die schwächste Burg an und brachten sie zu Fall. Die Muslime erbeuteten in dieser Burg wertvolles Kriegsgerät, darunter ein bewegliches Katapult und einen übergroßen Schild. Durch den Einsatz dieser Geräte konnten die Muslime innerhalb von zwei Wochen vier weitere Burgen einnehmen. In der Zwischenzeit hatten die Muslime auch Verstärkung bekommen. Tufeyl رضي الله عنه vom Stamm Dews, der noch vor der Hidschra zum Islam übergetreten war, schloss sich dem Propheten ﷺ mit 400 muslimischen Stammesangehörigen an. Nun blieb nur noch eine Burg übrig. Hier fand die hartnäckigste Verteidigung statt. Der Gesandte Allahs ﷺ sagte zu seinen Gefährten: „Morgen werde ich die Fahne jemandem überreichen, durch dessen Hand Allah die Eroberung Khaybers gewähren wird. Diese Person liebt Allah und Seinen Gesandten, und Allah und Sein Gesandter lieben ihn."

Die Gefährten konnten in der Nacht vor Neugier kaum schlafen. Alle fragten sich, wer die Fahne erhalten würde und durch wessen Hand die Eroberung erfolgen würde. Am nächsten Tag fragte der Prophet ﷺ: „Wo ist Ali?"
Nun war jedem klar, wer der Eroberer sein würde. Die Gefährten antworteten: „O Gesandter Allahs! Seine Augen schmerzen. Er ruht sich daher aus." Der Prophet ﷺ ließ ihn trotzdem holen. Alis رضي الله عنه Leiden war so stark, dass er alleine nicht in der Lage war, zum Gesandten ﷺ zu kommen. Seine Kameraden stützten Ali رضي الله عنه und führten ihn zum Propheten ﷺ. Der Gesandte Allahs ﷺ sprach ein Bittgebet und pustete auf Alis رضي الله عنه Augen. Mit der Hilfe Allahs des Erhabenen verschwand augenblicklich das Leiden, sodass Ali رضي الله عنه wieder voll einsatzfähig war. Der Prophet ﷺ übergab ihm die Fahne und sagte: „Lade sie zunächst zum Islam ein. Bei Allah, dass jemand durch dich zum Muslim wird, ist für dich segensreicher als alles, worüber die Sonne aufgeht."
Ali رضي الله عنه machte den Verteidigern ein letztes Angebot, dann ging er zum Angriff über. Vor dem Burgtor kam es zu heftigen Kämpfen. Der Feind begann sich langsam zur Burg zurückzuziehen. Nun gingen die Muslime zum Generalangriff über und drangen in das Innere der Festung ein. Als die Verteidiger erkannten, dass weiterer Widerstand nutzlos war, boten sie ihre Kapitulation und die Räumung der Stadt an, unter der Voraussetzung

dass niemand von ihnen getötet werden sollte und sie ihren gesamten Besitz mitnehmen durften. Das Angebot wurde akzeptiert. Als ein Teil der Juden die Stadt bereits verlassen hatte, machten die noch in der Stadt verbliebenen ein weiteres Angebot. Sie schlugen vor, in Khayber bleiben zu dürfen. Im Gegenzug wollten sie die Hälfte ihrer landwirtschaftlichen Einnahmen als Steuern abführen. Der Prophet ﷺ akzeptierte auch dieses Angebot. Anschließend wandte sich der Prophet ﷺ dem Stamm der Wadi l'Qura zu, die mit Khayber verbündet gewesen waren, und belagerte sie. Nach drei Tagen kapitulierten sie unter denselben Bedingungen wie die Juden von Khayber. Die örtlichen jüdischen Stämme kündigten an, dass auch sie gewillt seien, ein Abkommen mit den Muslimen unter denselben Bedingungen abzuschließen. Als die muslimischen Auswanderer in Abessinien von dem Feldzug gegen Khayber hörten, eilten auch sie herbei. Ihr Erscheinen freute den Propheten ﷺ so sehr, dass er dies folgendermaßen zum Ausdruck brachte: „Ich weiß nicht worüber ich mich noch mehr freuen soll, die Eroberung von Khayber oder die Rückkehr der Auswanderer?“

Der Aufruf an die Herrscher

Die Einladung zum Islam erfolgte stufenweise. Nach der Zeit der verborgenen Einladung erfolgte die erste öffentliche Einladung an die Verwandten des Propheten ﷺ, die Beni Haschim, und dann an die Besucher, die nach Mekka kamen. Mit der Offenbarung des Verses:

„Und nicht entsandten Wir dich außer als eine Barmherzigkeit für alle Welten!“[1]

wurde verkündet, dass die Botschaft des Islam sich an die gesamte Welt richtet. Der Prophet sandte daraufhin Briefe an alle Stammesoberhäupter auf der Arabischen Halbinsel und an alle Herrscher im Umland Arabiens und lud sie sowie alle Menschen, die unter ihrer Herrschaft lebten, zum Islam ein. Die Herrscher Jemens und des Omans nahmen die Einladung des Propheten ﷺ an und traten zum Islam über. Einige andere, wie Muqawqis, der byzantinische Präfekt von Ägypten, wurden zwar keine Muslime, nahmen aber die Einladung freundlich auf, sodass ein gutes Einvernehmen zwischen ihnen und den Muslimen entstand. Daneben

1 21. Sure: El-Enbiya, Vers 107.

gab es aber auch Herrscher wie den persischen Großkönig Chosrau II., der den Brief des Propheten ﷺ zerriss und seine Botschaft schroff zurückwies. In den Briefen des Propheten ﷺ wurde genau auf die Wortwahl geachtet. Den Führern und Herrschern wurde in angemessener Weise Achtung entgegengebracht. Ihnen wurde versichert, dass man es nicht auf ihre Krone abgesehen habe und dass sie, wenn sie sich bereit erklärten, den Islam anzunehmen, ihre Herrschaft weiterhin ausüben könnten. Handelte es sich dabei um christliche oder jüdische Führer, so wurde die besondere Beziehung zu den sogenannten Schriftbesitzern (Christen und Juden) hervorgehoben. Handelte es sich nicht um Schriftbesitzer, so wurden sie darauf hingewiesen, an die einzige Gottheit, Allah, zu glauben.
Um dies näher zu verdeutlichen, schauen wir uns hier einige dieser Briefe näher an.

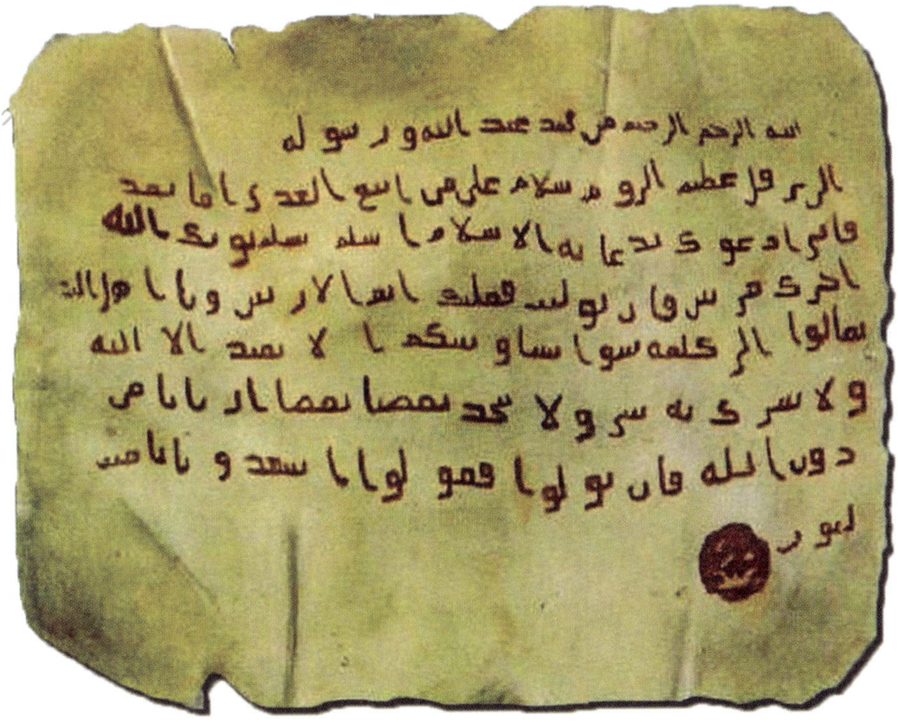

Brief des Propheten Muhammed ﷺ an den byzantinischen Kaiser Herakleios.

1. Der Brief an Herakleios, Kaiser des byzantinischen Reiches:

„Im Namen Allahs, des Allbarmherzigen, des Allgnädigen.
Von Muhammed, dem Sohn des Abdullah, an Herakleios den Herrscher von Rom. Gegrüßt sei, wer der Rechtleitung folgt! Alsdann! Ich rufe dich zur Annahme des Islam auf. Ergib dich (dem Islam) und bleibe dadurch (im Diesseits und im Jenseits) unversehrt! (Dann) wird Allah dir deinen Lohn zweimal geben (einmal für die Annahme des Christentums und einmal für die Annahme des Islam). Und wenn du (dem Islam) den Rücken zuwendest, dann lastet auf dir die Sünde der Bauern, (also die Sünde deiner Untertanen, die dir im Glauben folgen)! ***„Sprich: ‚O Angehörige der Schrift! Kommt herbei zu einem gleichen Wort zwischen uns und euch! Auf dass wir Allah allein dienen und Ihm nichts beigesellen und dass nicht die einen von uns die anderen zu Herren nehmen außer Allah.‘ Und wenn sie sich abwenden, so sprecht: ‚Bezeugt, dass wir Muslime sind!‘““***[1]

2. Der Brief an Muqawqis, den byzantinischen Präfekten von Ägypten:

„Im Namen Allahs, des Allbarmherzigen, des Allgnädigen.
Von Muhammed, dem Gesandten Allahs, an den Muqawqis, den Herrscher der Kopten. Gegrüßt sei, wer der Rechtleitung folgt! Alsdann! Ich rufe dich zur Annahme des Islam auf. Ergib dich (dem Islam) und bleibe dadurch (im Diesseits und im Jenseits) unversehrt! (Dann) wird Allah dir deinen Lohn zweimal geben (einmal für die Annahme des Christentums und einmal für die Annahme des Islam). Und wenn du (dem Islam) den Rücken zuwendest, dann lastet auf dir die Sünde der Kopten, (die dir im Glauben folgen)! ***„Sprich: ‚O Angehörige der Schrift! Kommt herbei zu einem gleichen Wort zwischen uns und euch! Auf dass wir Allah allein dienen und Ihm nichts beigesellen und dass nicht die einen von uns die anderen zu Herren nehmen außer Allah.‘ Und wenn sie sich abwenden, so sprecht: ‚Bezeugt, dass wir Muslime sind!‘““***[2]

1 Ali Imran, 4/64.
2 Ali Imran, 4/64.

3. Der Brief an Großkönig Chosrau II., den Großkönig von Persien:

„Im Namen Allahs, des Allbramherzigen, des Allgnädigen.
Von Muhammed, dem Gesandten Allahs, an den Kisra, den Herrscher von Persien. Gegrüßt sei, wer der Rechtleitung folgt und an Allah und Seinen Gesandten glaubt. Und ich bezeuge, dass es keinen Gott gibt, außer Allah, Dem Einzigen, Der keine Teilhaber hat und dass Muhammed Sein Diener und Sein Gesandter ist. Ich rufe dich dazu auf, Allah (als den einzigen Gott) zu akzeptieren! Denn gewiss bin ich der Gesandte Allahs an die Menschen. Dies reicht aus, um jene zu warnen, die am Leben sind und als Bestätigung (meiner) Rede für die Ungläubigen. Ergib dich (dem Islam) und bleibe dadurch (im Diesseits und im Jenseits) unversehrt! Wenn du dich aber weigerst, dann lastet auf dir die Sünde der Feueranbeter, (also deiner Untertanen, die Feueranbeter sind wie du)!“

Die Schlacht von Mu’te

Die Boten, die der Prophet ﷺ zu den Herrschern der verschiedenen Länder und Regionen sandte, wurden je nach Herrscher und Verwalter unterschiedlich behandelt. Allgemein wurde aber die grenzübergreifende Gepflogenheit, Boten kein Leid zuzufügen, eingehalten. Eine Ausnahme bildete der Gefährte Harith ibn Umeyr, den der Prophet ﷺ mit einem Brief an den byzantinischen Präfekten von Busra im Südwesten des heutigen Syriens sandte. Die Beziehungen zu Byzanz hatten mit der wohlwollenden Reaktion des Kaisers Herakleios auf den Brief des Propheten ﷺ einen positiven Anfang genommen. Was aber nun geschah, brachte eine unbeabsichtigt Wende in diese Beziehung. Der Bote des Propheten ﷺ wurde auf dem Weg nach Busra bei Mu’te, im heutigen Jordanien, von einem Oberen der Ghassaniden – einem Stammesverband christlicher Araber, die mit Byzanz verbündet waren – aufgehalten. Als dieser erfuhr, dass Harith ibn Umeyr رضي الله عنه ein Bote des Propheten ﷺ war, ließ er ihn umbringen. Als die Nachricht über diese Provokation den Propheten ﷺ erreichte, ließ dieser eine Armee aufstellen, da diese Tat nicht ungesühnt bleiben durfte. Das muslimische Heer, in einer Stärke von 3.000 Mann, sollte bis zu dem Ort ziehen, wo Harith رضي الله عنه ermordet worden war. Um eine Strafexpedition zu vermeiden, sollten sie – trotz allem was geschehen war – die Menschen erst zum Islam einladen. Sollte dies abgelehnt werden,

so sollten sie auf die Hilfe Allahs des Erhabenen vertrauen und den Kampf aufnehmen. Dabei betonte der Prophet ﷺ ausdrücklich die Richtlinien des Kampfes: Frauen, Kindern sowie Greisen durfte kein Leid zugefügt werden. Menschen, die Zuflucht in Gotteshäusern suchen, durfte kein Leid zugefügt werden. Häuser durften nicht zerstört, Dattelhaine nicht beschädigt und Bäume nicht gefällt werden.

Der Prophet ﷺ ernannte Zeyd رضي الله عنه, einen ehemaliger Sklaven, zum Befehlshaber der muslimischen Streitmacht. Diese Wahl verdeutlicht gleichzeitig die – damals absolut untypische – klassenlose Struktur in der islamischen Gesellschaft, wo der Befehlshaber nicht nach Rasse, Wohlstand oder gesellschaftlichem Stand bestimmt wurde.

Vor dem Abmarsch der Armee gab der Prophet ﷺ die folgende Anweisung für die Befehlskette: „Wenn Zeyd im Kampf fallen sollte, soll Dschafer das Kommando übernehmen. Sollte auch er fallen, soll Abdullah ibn Rewaha das Kommando übernehmen. Sollte auch er fallen, dann sollen die Muslime einen unter ihnen zum Befehlshaber wählen!“

Als die Ghassaniden vom Kommen des islamischen Heeres erfuhren, stellten sie ein starkes Heer auf und baten zeitgleich ihren Verbündeten Byzanz um Hilfe. Die Byzantiner sandten eine Armee zur Unterstützung, sodass eine Streitkraft von ca. 100.000 Mann die Muslime erwartete. Ahnungslos von der gewaltigen Macht ihrer Gegner, zogen die Muslime nach Norden auf ihr Ziel zu und erfuhren erst in Syrien von der Stärke der feindlichen Streitkraft. In Mu'te, im heutigen Jordanien, trafen die beiden ungleichen Heere aufeinander. In der folgenden Schlacht fiel Zeyd رضي الله عنه, der Kommandant des muslimischen Heeres. Daraufhin übernahm Dschafer ibn Ebu Talib رضي الله عنه das Kommando. Als auch er fiel, übernahm Abdullah ibn Rewaha رضي الله عنه die Führung der muslimischen Kämpfer. Als auch er den Märtyrertod starb, waren die Muslime ohne Führung, sodass ihre Feinde langsam die Oberhand gewannen. In diesem Chaos ergriff einer der muslimischen Kämpfer die Fahne und sammelte die Kämpfer um sich. Alle drei Befehlshaber, die der Prophet ﷺ genannt hatte, waren gefallen und nun sollten die Muslime, seiner Anordnung entsprechend, einen von ihnen zum Befehlshaber wählen. Während das Handgemenge der Schlacht weiterging, einigten sich die Muslime auf Khalid ibn Welid رضي الله عنه als neuen Kommandanten des Heeres. Zeitgleich berichtete der Prophet Muhammed ﷺ hunderte von Kilometern entfernt in der Moschee von Medina seinen Gefährten, was sich auf dem Schlachtfeld bei Mu'te abspielte. Er berichtete ihnen, dass die Kommandanten einer nach dem anderen gefallen waren, und sagte dann:

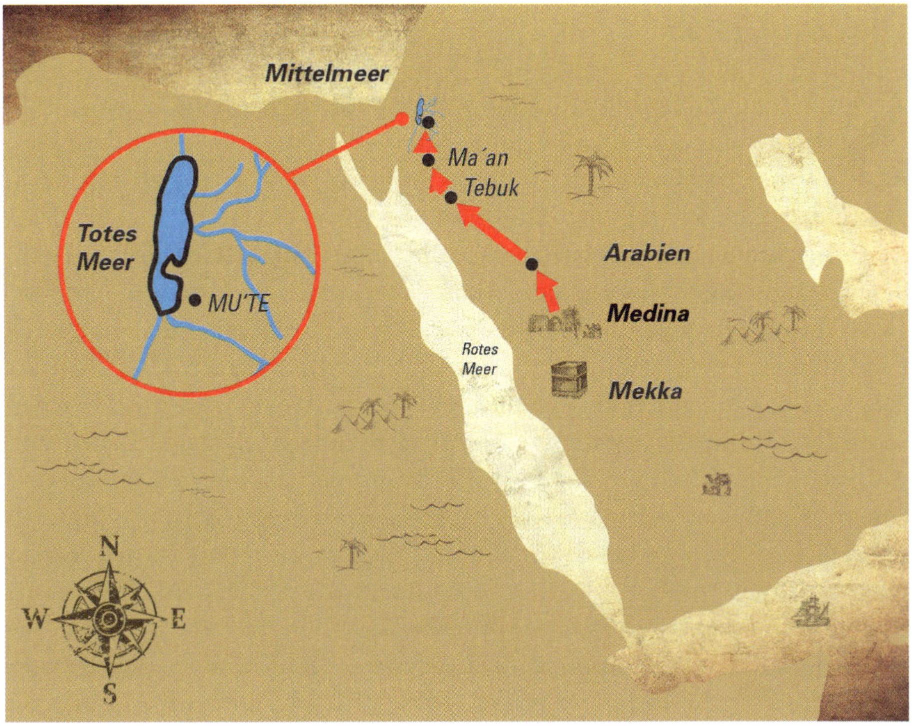

Schlacht von Mu´te.

Khalid رضي الله عنه brachte wieder Ordnung in das muslimische Heer und ging zum Angriff über. Von den anstürmenden Feinden wurde eine Einheit nach der anderen zersprengt. Am nächsten Morgen stellte Khalid رضي الله عنه sein Heer so auf, dass die Kämpfer der hinteren Reihen mit den vorderen und die auf der linken Flanke mit denen auf der rechten ihren Platz wechselten. Diese Taktik hatte den Effekt, dass die Feinde nun andere Einheiten vor sich erblickten als die, gegen die sie am Abend zuvor gekämpft hatten. Dadurch bekamen sie den Eindruck, dass die Muslime Verstärkung bekommen hätten, was sie außerordentlich demoralisierte. Dem folgenden Angriff des muslimischen Heeres konnten sie nicht länger Widerstand leisten und mussten den Rückzug antreten. Die Muslime hatten viele feindliche Offiziere getötet, darunter auch den byzantinischen Befehlshaber. Da aber die Möglichkeit bestand, dass der zahlenmäßig überlegene Feind sich sammeln und erneut angreifen könnte, trat auch Khalid Bin Welid رضي الله عنه, unbemerkt vom Feind, den Rückzug an und führte die muslimische Armee zurück nach Medina.

Die erste Umreh

Seit dem Vertragsabschluss von Hudeybiye war ein Jahr vergangen. In dieser Zeit hatten die Muslime Khayber erobert, einen Großteil ihrer Gegner besiegt und den bekannten Herrschern jener Zeit den Islam verkündet. Der Vertrag von Hudeybiye, der vor einem Jahr noch vielen Muslimen unvorteilhaft erschienen war, hatte sich im Gegenteil als sehr nützlich für die Ausbreitung des Islam erwiesen.

Dem Vertrag entsprechend durften die Muslime in diesem Jahr die Umreh durchführen. Daher gab der Prophet Muhammed ﷺ seinen Gefährten die Anweisung, alle Vorbereitungen für die Reise zu treffen. Schließlich brachen fast 2.000 Muslime gemeinsam mit dem Propheten ﷺ nach Mekka auf. Zu ihrem Schutz führten sie auch ihre Rüstungen, Schwerter, Speere und andere Waffen mit. Für die Gefährten ergab dies allerdings keinen Sinn, da sie nach dem Abkommen lediglich ihre Schwerter mitführen durften. Daher fragten sie den Propheten ﷺ: „O Gesandter Allahs! Nach dem Abkommen dürfen wir nur unsere Schwerter mitführen. Nun haben wir aber auch die anderen Waffen mitgenommen. Wo liegt da der Sinn?“ Der Prophet ﷺ sagte daraufhin: „Wir werden diese Waffen nicht zur Kaaba mitnehmen. Aber wir werden sie für den Fall eines Angriffs in unserer Nähe behalten.“

Auf dem Weg kamen sie an Ebwa vorbei, dem Dorf, in dem Amine, die Mutter des Propheten ﷺ, begraben lag. Der Prophet ﷺ besuchte das Grab seiner Mutter, säuberte es und begann zu weinen. Als seine Gefährten dies bemerkten, konnten auch sie sich nicht halten. Als einer seiner Gefährten ihn darauf ansprach, sagte der Prophet ﷺ: „Ich weine, weil ich mich an die Liebe und die Barmherzigkeit erinnert habe, die mir meine Mutter entgegengebrachte.“

Als die Muslime die Grenze zum Haram (der Schutzzone um Mekka) erreichten, zogen sie ihre Weihegewänder (Ihram) an. Der Prophet sandte 200 seiner Gefährten unter der Führung von Muhammed ibn Mesleme رضي الله عنه mit den Waffen und den Opfertieren nach Batn Yedschedsch voraus, das nur etwa fünf Kilometer vor Mekka lag.

Als einige Mekkaner auf die Reitertruppe der Muslime trafen, fragten sie Muhammed ibn Mesleme رضي الله عنه, was sie mit sich führten. Muhammed ibn Mesleme رضي الله عنه sagte ihnen, dass das ihre Waffen seien und dass auch der Prophet ﷺ mit seinen Gefährten schon morgen früh Mekka erreichen werde.

Daraufhin eilten die Mekkaner zurück in die Stadt und benachrichtigten die Einwohner. Als der Prophet ﷺ dann bei Batn Yedschedsch eintraf, erschienen schon die besorgten Repräsentanten der Quraisch und fragten ihn: „O Muhammed! In diesem einen Jahr hat es unsererseits keinen Verrat gegeben. Willst du trotzdem mit Waffen in den Haram und zu deinem Volk gehen? Obwohl du doch akzeptiert hattest, dass außer Schwertern, die in der Scheide zu bleiben haben, keine anderen Waffen dorthin gebracht werden dürfen?“ Darauf antwortete der Prophet ﷺ: „So ist es auch. Wir werden nur mit unseren Schwertern in der Scheide zum Haram gehen. Seit meiner Kindheit bin ich bekannt dafür, dass ich zu meinem Wort stehe. Aber die Waffen möchte ich dennoch in meiner Nähe haben.“
Die Repräsentanten kehrten nach Mekka zurück und unterrichteten die Oberen der Stadt über das Gespräch. Daraufhin wurde Mekka geräumt und der Prophet ﷺ zog mit seinen Gefährten in die Stadt ein. Die Muslime führten die langersehnte Umreh durch: sie vollzogen den Tawaf – die Umrundung der Kaaba –, verrichteten das Gebet am Maqam Ibrahim (Standplatz des Propheten Ibrahim), liefen zwischen den Hügeln Safa und Merweh hin und her, schlachteten die mitgeführten Opfertiere und schnitten sich die Haare. Als es Mittag wurde, ertönte der allererste muslimische Gebetsruf in Mekka.

Die Eroberung Mekkas

Ein Teil der Quraischiten war über das Erscheinen der Muslime äußerst aufgebracht. Alles hatte sich zu ihren Ungunsten entwickelt. Seit dem Vertrag von Hudeybiye waren viele Araber Muslime geworden, ja ganze Stämme waren zum Islam übergetreten. Die ärgsten Feinde des Islam waren in den Kämpfen gegen die Muslime gefallen und viele hervorstechende Persönlichkeiten unter den Quraischiten, wie Khalid ibn Welid – der siegreiche Feldherr von Uhud – hatten ebenfalls den Islam angenommen. Mit vielen anderen Stämmen hatten die Muslime Abkommen geschlossen, sodass Mekka nahezu von drei Seiten von Muslimen umringt zu sein schien.

Der Vertrag von Hudeybiye war für die Dauer von zehn Jahren geschlossen worden. Doch schon nach kaum mehr als zwei Jahren empfanden einige Quraischiten das Abkommen als lang genug und schmiedeten bereits Pläne zur Untergrabung des Vertrags. Die Gelegenheit ergab sich, als der mit ihnen verbündete Stamm der Beni Bekr um Unterstützung für einen Überfall auf den mit dem Propheten ﷺ verbündeten muslimischen Stamm der Huzaa warb. Die Quraisch entschlossen sich, die Beni Bekr mit Waffen und Nahrungsmitteln zu unterstützen. Einige Quraischiten nahmen vermummt an der Seite ihrer Verbündeten an dem Angriff teil. Der Überfall erfolgte in der Nacht und überraschte die ahnungslosen Huzaa, die sich durch den Vertrag von Hudeybiye in Sicherheit wogen. Bei der Verfolgung ihrer Opfer überschritten die Beni Bekr und ihre vermummten quraischitischen Verbündeten sogar die Grenze zum Haram und scheuten sich nicht davor, das uralte Gesetz zu brechen und im Heiligen Bezirk zu töten. Das Morden wollte nicht aufhören. Die Huzaa flohen nach Mekka, und schließlich wurden die Kämpfe bis in die Straßen der Stadt getragen.

Die traurige Nachricht über den Überfall betrübte den Propheten ﷺ sehr. Er weinte um seine getöteten Gefährten. Trotz der großen Enttäuschung über den Vertragsbruch sandte er zuerst einen Boten zu den Quraisch. Er stellte sie vor die Wahl, entweder das Blutgeld für die ermordeten Muslime der Huzaa zu entrichten oder den Schutz, den sie den Beni Bekr gewährten, aufzuheben. Andernfalls werde der Vertrag von Hudeybiye aufgekündigt. Die Quraisch lehnten ab, entschieden sich damit für die Aufkündigung des Vertrages und folglich für den Krieg. Als sie sich im Nachhinein über die Konsequenzen ihrer Ablehnung bewusst wurden, war es bereits zu spät. In Medina war die Entscheidung bereits gefallen. Die Quraisch schickten

Ebu Sufyan nach Medina, um zu einem Einvernehmen mit den Muslimen zu kommen, doch seine Mission war nicht von Erfolg gekrönt. Niemand schenkte ihm Beachtung. Die Trauer über die ermordeten Huzaa war noch zu frisch, und so kehrte Ebu Sufyan mit leeren Händen zurück nach Mekka. Währenddessen wurden in Medina unter strengster Geheimhaltung die Vorbereitungen für den Feldzug getroffen. Im achten Jahr der Hidschra, am zehnten Tag des Monats Ramadan, brach ein 10.000 Mann starkes muslimisches Heer zur Eroberung Mekkas auf. Noch ahnten die Quraisch nichts von dem, was ihnen bevorstand. Erst als die Muslime im Zahran-Tal bei Mekka ihr Lager aufschlugen und jede Einheit ein Feuer entfachte, wurden die Quraisch durch das nächtliche Flammenmeer überrascht. Neugierig näherte sich Ebu Sufyan, der immer noch nicht verstanden hatte, um wen es sich bei dieser Masse handelte, mit einigen anderen Quraischiten dem Lager des Propheten ﷺ. Sie wurden von muslimischen Spähern entdeckt, aufgegriffen und zum Propheten ﷺ gebracht. Nun stand einer der ärgsten Widersacher des Propheten ﷺ als Gefangener vor ihm. Während Umer رضي الله عنه beabsichtigte, Ebu Sufyan zu töten, bat Abbas رضي الله عنه seinen Neffen, ihm zu vergeben. Der Prophet ﷺ sagte zu seinem Onkel Abbas رضي الله عنه: „Nimm Ebu Sufyan mit und führe ihn zu seiner Unterkunft. Bring ihn dann morgen früh zu mir."

Ebu Sufyan verbrachte die Nacht bei Abbas رضي الله عنه. Als es Morgen wurde und der Gebetsruf erklang, sah Ebu Sufyan, wie die Muslime sich erhoben und den Staub von ihrer Kleidung klopften. Er bekam es mit der Angst zu tun, weil er dachte, dass sie sich nun bereit machten um ihn zu töten. Abbas رضي الله عنه aber beruhigte Ebu Sufyan und sagte ihm, dass sie sich erhoben hatten, um dem Gebetsruf zu folgen. Ebu Sufyan hatte so etwas noch nie vorher beobachtet. Er fragte Abbas رضي الله عنه: „Weckt der Ausrufer Muhammeds jeden hier auf?" Abbas رضي الله عنه antwortete ihm: „Ja." Ebu Sufyan fragte wieder: „Was werden sie machen, wenn sie aufgestanden sind?" Abbas sagte: „Sie sind Muslime. Sie werden sich zum Gesandten Allahs begeben."

Abbas رضي الله عنه nahm Ebu Sufyan und ging mit ihm zum Propheten ﷺ. Der Prophet ﷺ hatte sich gerade erhoben und führte die Gebetswaschung durch. Ebu Sufyan konnte beobachten, wie die Gefährten des Gesandten ﷺ herbeieilten, um das Wasser, das seinen Körper berührt hatte, aufzufangen und damit das eigene Gesicht zu waschen. Überrascht wandte sich Ebu Sufyan zu Abbas رضي الله عنه und bemerkte: „O Abbas! Keine Herrschaft, die ich bis jetzt beobachten konnte, weder die des persischen Großkönigs noch die des byzantinischen Kaisers, war so beeindruckend wie die Herrschaft deines

Neffen." Darauf entgegnete Abbas رضي الله عنه: „Dies ist keine Herrschaft, sondern Prophetentum! Das ist der Grund, warum sie ihn so verehren!

Abbas رضي الله عنه forderte Ebu Sufyan auf, endlich den Islam anzunehmen. Dies fiel Ebu Sufyan aber noch schwer; er konnte sich einfach nicht dazu überwinden. Dann begann auch schon das Gebet. Ebu Sufyan stand am Rande und beobachtete das Geschehen von außen mit. Der Prophet ﷺ betete seinen Gefährten vor, die sich hinter ihm aufgereiht hatten. Da Muslime sich vergegenwärtigen, dass sie sich im Gebet in der Anwesenheit Allahs des Erhabenen befinden, herrschte in der Gemeinschaft eine demütige Stille und tiefe Ehrfurcht. Der Prophet ﷺ rezitierte aus dem Edlen Quran, verbeugte sich vor seinem Schöpfer, lobpreiste Ihn und warf sich vor Ihm nieder, sodass seine Stirn dabei den Boden berührte. Seine Gefährten, die sich ihm angeschlossen hatten, taten es ihm nach. Nach dem Gebet fragte Ebu Sufyan Abbas رضي الله عنه: „O Abbas! Wenn Muhammed seinen Gefährten etwas befehlen würde, würden sie diesen Befehl sofort ausführen?" Abbas رضي الله عنه antwortete: „Ja! Bei Allah, und wenn er ihnen befehlen würde, nichts mehr zu essen und nichts mehr zu trinken, so würden sie ihm gehorchen und seinen Anweisungen Folge leisten." Sodann fragte Ebu Sufyan: „Wie oft beten die Muslime täglich?" Abbas رضي الله عنه antwortete: „Fünf mal." Daraufhin sagte Ebu Sufyan: „Bei Allah, das ist wirklich viel."

Anschließend gingen sie gemeinsam zum Propheten ﷺ. Der Gesandte Allahs ﷺ fragte Ebu Sufyan: „O Ebu Sufyan! Ist die Zeit nicht endlich gekommen, dass du bezeugst, dass es keine Gottheit außer Allah gibt?" Ängstlich und mit zittriger Stimme gab Ebu Sufyan zu: „Würde es irgendeine Gottheit außer Allah geben, so hätte sie mir mit Sicherheit Nutzen gebracht." Der Prophet ﷺ fragte weiter: „Ist die Zeit nicht endlich gekommen, dass du bezeugst, dass ich der Prophet Allahs bin?" Ebu Sufyan sagte: „Ich hatte Zweifel daran. Ein Funken davon regt sich noch in mir..." Daraufhin sagte Abbas رضي الله عنه: „Wende dich doch endlich von dieser Blindgläubigkeit aus der Heidenzeit ab!"

Nach diesem Appell von Abbas رضي الله عنه trat Ebu Sufyan zum Islam über, indem er bezeugte, dass es keine Gottheit außer Allah gibt und dass Muhammed ﷺ der Gesandte Allahs ist.

Der Prophet ﷺ behielt Ebu Sufyan noch eine Weile im Lager des muslimischen Heeres. Damit beabsichtigte er, Ebu Sufyan Zeuge der beeindruckenden Stärke der Muslime werden zu lassen, die vor acht Jahren Mekka verlassen mussten und nun mit einer Streitkraft von über 10.000 Mann zurückgekehrt waren. So würde er vielleicht die Mekkaner davon abhalten, die Waffen gegen die Muslime zu erheben, und dadurch unnötiges Blutvergießen vermeiden. Nachdem er das Ausmaß dieser militärischen Stärke begriffen hatte, wurde er freigelassen. Während er sich auf den Rückweg machte, gab der Prophet ﷺ seinen Gefährten eine letzte Anweisung: „Zieht nicht das Schwert gegen sie, solange sie euch nicht angreifen."

Zurück in Mekka, erzählte Ebu Sufyan den Quraisch von der beeindruckenden Streitmacht der Muslime, die niemand zu stoppen vermochte. Er beschwor sie, von einem Waffengang abzusehen, und sprach sich für eine unblutige Übergabe der Stadt aus.

Der Prophet ﷺ hatte seine Armee in vier Gruppen aufgeteilt, die nun von allen Seiten mit dem Ruf „Allahu ekber!" (Allah ist am größten) in die Stadt eindrangen. Ein Gefährte des Propheten ritt den Kämpfern voraus und verkündete laut: „Wer sich in das Haus von Ebu Sufyan flüchtet, ist sicher. Wer in seinem Haus bleibt, ist sicher. Wer sich in die Kaaba flüchtet, ist sicher."

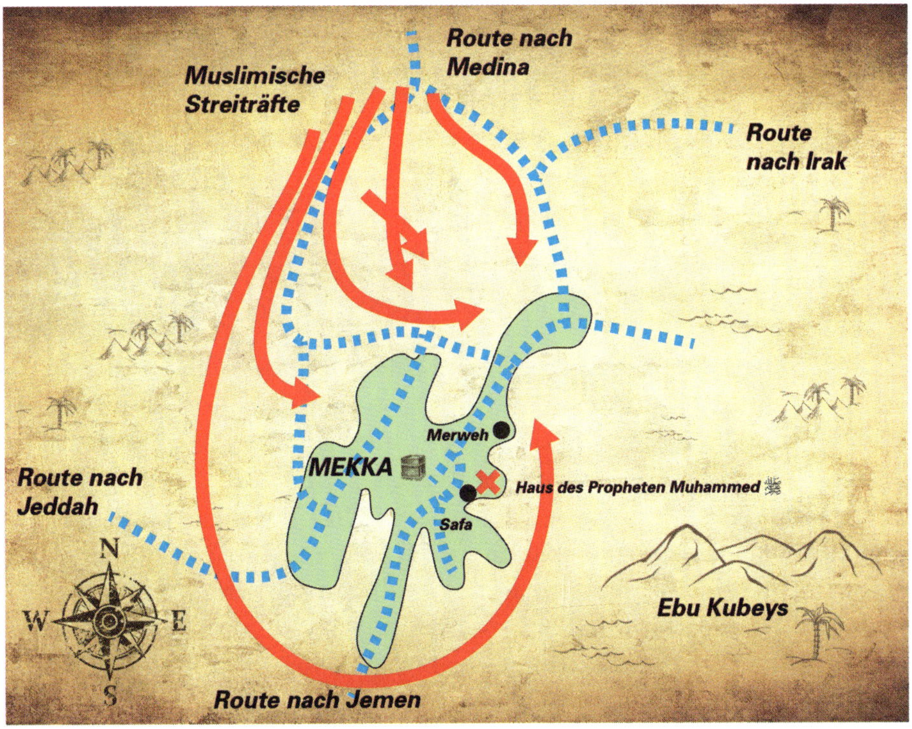

Die Eroberung Mekkas.

Ebu Sufyans Appell an die Quraisch hatte Wirkung gezeigt. Bis auf wenige Ausnahmen gab es während der Einnahme Mekkas keine Kämpfe. Der Prophet Muhammed ﷺ kehrte als Eroberer in die Stadt zurück, aus der er vor acht Jahren auswandern musste. Doch in seinem Herzen regte sich nicht die leiseste Spur von Stolz oder gar Hochmut – im Gegenteil. Auf seinem Reittier sitzend, verbeugte er sich aus Dank und aus Ehrfurcht vor Allah dem Erhabenen so weit, dass sein Bart den Sattel berührte. Dabei wiederholte er ständig: „O Allah! Es gibt kein Leben außer dem Leben im Jenseits!“

Mekka war erobert. Als sich die Quraisch versammelt hatten, um ihr Urteil zu erfahren, fragte sie der Prophet ﷺ: „O ihr Quraisch! Was erwartete ihr nun, dass ich mit euch mache?“ Sie sagten: „Wir hoffen, dass du uns Gutes tun wirst. Du bist unser gnädiger Bruder. Du bist der Sohn unseres Bruders.“ Darauf sagte der Prophet ﷺ: „Ich antworte euch mit den Worten, die der Prophet Yusuf عليه السلام zu seinen Brüdern sagte: Kein Tadel soll heute gegen euch vorgebracht werden. Möge Allah euch eure Sünden vergeben, denn Er ist der Barmherzigste der Barmherzigen.“
Der Prophet ﷺ ließ sie gehen. Nur für acht Männer und zwei Frauen sollte es keine Gnade geben. Sie hatten sich äußerst schwerwiegender Verbrechen schuldig gemacht. Nichtsdestotrotz wurden später auch sie – bis auf zwei – begnadigt.
Der Prophet begab sich zur Kaaba. Die Polytheisten hatten 360 Götzen um die Kaaba herum aufgestellt, die sie anbeteten. Der Offenbarungsengel Dschibril عليه السلام sprach zum Gesandten Allahs ﷺ: „Nimm deinen Stab und berühr sie!“ Der Prophet ﷺ berührte mit seinem Stab die Götzen und rezitierte dabei den folgenden Quranvers:

„…Die Wahrheit ist gekommen und die Falschheit ist zugrunde gegangen…“ [1]

Jedes Götzenbild, das der Prophet ﷺ berührte, kippte um und zerbrach in Stücke. So wurde sowohl das Äußere als auch das Innere der Kaaba von allen Götzen und jeglichen Symbolen des Götzenkultes gereinigt. An diesem Tag stieß der Satan, der ewige Feind des Menschen, einen so lauten Schrei aus, dass sich seine Nachkommenschaft um ihn herum versammelte. Er sagte zu ihnen: „Ihr könnt von nun an für immer die Hoffnung aufgeben, dass die Gemeinschaft Muhammeds je wieder zum Polytheismus zurückkehren wird!“ Am ersten und am zweiten Tag der Eroberung predigte der Prophet ﷺ

1 17. Sure: El-Isra, Vers 81.

zu den Quraisch. Diejenigen unter ihnen, die nun zum Islam übertraten, versammelten sich am Hügel Safa um den Propheten ﷺ und schlossen mit ihm ein Abkommen, indem sie seine Hand hielten und ihm ihr Treueversprechen gaben. Als die Ensar das Engagement des Propheten ﷺ in Mekka bemerkten, fürchteten sie, dass er nicht mehr nach Medina zurückkehren werde. Doch der Prophet ﷺ beruhigte sie und sprach: „Mein Leben ist mit euch und auch mein Tod wird mit euch sein."

Huneyn

Der Untergang des Götzenkultes in Mekka beunruhigte auch die anderen Polytheisten auf der Arabischen Halbinsel. Mekka war für sie zugleich Zentrum und Pilgerstätte gewesen. Diesen Verlust konnten sie nicht tatenlos hinnehmen. Aus diesem Grunde schloss der polytheistische Stamm der Hewazin aus Huneyn mit dem ebenfalls polytheistischen Stamm der Sakif aus Taif ein Bündnis gegen die Muslime. Unter der Führung von Malik ibn Awf trafen sie die Vorbereitungen, um gemeinsam ein 20.000 Mann starkes Heer aufzustellen und gegen die Muslime zu ziehen, um die wachsende Macht des Islam einzudämmen. Die Entschlossenheit, die das polytheistische Bündnis dabei an den Tag legte, und die Strategie, die es dabei verfolgte, waren außergewöhnlich. Anders als bei vorherigen Kriegen wollten die beiden Stämme auf diesem Feldzug ihre Frauen, ihre Kinder und sogar ihren Herden mitführen. Die Soldaten sollten sich dessen bewusst werden, dass sie im Falle einer Niederlage nicht einfach zurückkehren konnten, sondern alles verlieren würden, samt ihren Familien und ihrem Besitz. Dieser Krieg sollte nicht nur ein Glaubenskrieg werden, sondern ein totaler Krieg, dessen Ende nur ein vollkommener Sieg oder eine vollkommene Niederlage sein konnte.

Als der Prophet ﷺ die Nachricht von der drohenden Gefahr erhielt, traf er Vorbereitungen, um dem Feind zuvorzukommen. Er verstärkte das islamische Heer um weitere 2.000 Muslime aus Mekka. Genau 16 Tage nach der Eroberung Mekkas brach der Gesandte Allahs ﷺ mit der muslimischen Streitmacht nach Huneyn auf. Dieser Feldzug war auch für die Muslime ein anderer, denn diesmal waren die muslimischen Kämpfer erfahren und gut ausgerüstet. Sie strotzten nur so vor Selbstbewusstsein. Dies hatte allerdings auch den Effekt, dass sie den Feind unterschätzten und sich schon im Vorhinein bereits als Sieger wähnten. Als Malik, der Kommandant

der Polytheisten, die Nachricht über den Anmarsch der Muslime erhielt, entschloss er sich, diese aus dem Hinterhalt zu überfallen. Seine Männer legten sich an den beiden Seiten eines engen Passes auf die Lauer und belegten die ankommende Vorhut der Muslime mit einem Pfeilhagel. Die ahnungslosen Muslime wurden von dem plötzlichen Angriff derart überrascht, dass sie umkehrten und in die Richtung flohen, aus der sie gekommen waren. Ihre panikartige Flucht übertrug sich auf die Kämpfer der anrückenden muslimischen Hauptstreitmacht, die nun ebenfalls zu fliehen begannen. Nur der Prophet Muhammed ﷺ blieb mit wenigen Gefährten inmitten des flüchtenden Heeres, auf Allah den Erhabenen vertrauend, unerschütterlich auf seinem Pferd. Mit seiner lauten Stimme rief Abbas رضي الله عنه die fliehenden Muslime dazu auf, sich um das Banner des Propheten ﷺ zu versammeln: „O ihr, die ihr bei Aqabe die Bey'ah (Treueschwur) geleistet habt! Ihr, die ihr unter dem Baum Ridwan euer Wort gegen habt! Eilt herbei, der Gesandte Allahs ist hier!"
Der Prophet ﷺ sprach Bittgebete und hob, wie seinerzeit bei Bedr, eine Handvoll Erde auf, streute sie gegen den Feind und sagte: „Auf, nun stürmt, mit Treue und Aufrichtigkeit!"
Dieser Befehl brachte die Wende. Die muslimischen Kämpfer, die sich um den Propheten ﷺ versammelt hatten, stürmten auf den Feind zu und brachten ihn in arge Bedrängnis. Als Ali رضي الله عنه den Fahnenträger der Polytheisten getötet hatte, wandten sich nun die Feinde der Muslime in Panik zur Flucht. Malik floh mit seinen Soldaten nach Taif und verschanzte sich dort mit seinen Verbündeten. Die Muslime verfolgten die Polytheisten und begannen, Taif zu belagern. In Taif befanden sich mehrere Festungen, die reichlich mit Vorräten gefüllt und für eine lange Verteidigung gerüstet waren. Mehrere Versuche, die Festungen einzunehmen, schlugen fehl. Nach 40-tägiger Belagerung zogen sich die Muslime schließlich zurück. Das Resultat war nichtsdestotrotz positiv für die Muslime: Ihre Verluste waren sehr gering; der Feind hingegen hatte große Verluste erlitten. Die Muslime hatten tausende Gefangene und reichlich Beute gemacht.
Unter den Gefangenen des Feldzuges befand sich auch Scheyma, die Tochter des Harith. Scheyma sagte den Kämpfern, die sie gefangengenommen hatten, dass sie die Milchschwester des Propheten ﷺ sei. Daraufhin wurde sie zum Gesandten Allahs ﷺ gebracht. Muhammed ﷺ, der seine Milchschwester wiedererkannte, empfing sie äußerst herzlich. Er legte sein Gewand ab, breitete es auf dem Boden aus und ließ sie darauf Platz nehmen. Er sagte ihr, dass sie frei entscheiden könne, ob sie mit ihm nach Medina gehen oder

lieber in ihrer Heimat bleiben wolle. Scheyma sagte, dass sie aufgrund ihres hohen Alters lieber zu ihrer Familie zurückgehen würde. Der Prophet ﷺ beschenkte sie und ließ sie anschließend zu ihrer Familie zurückkehren.

Die Gefangenen wurden versammelt und die Beute zusammengetragen, um anschließend aufgeteilt zu werden. Dabei sollten drei Viertel der Kriegsbeute an die Kämpfer verteilt werden, während ein Viertel an die Staatskasse fiel. Der Prophet ﷺ entschied persönlich, wem aus dem Staatsschatz etwas gegeben wurde und was dies jeweils war. Unter anderem beschenkte er Leute aus der Staatskasse, die gerade erst neu Muslime geworden waren, um dadurch ihre Herzen für den Islam zu erwärmen.

Der Prophet ﷺ hatte die Verteilung der Kriegsbeute um mehrere Tage verzögert. Seine Gefährten hatten den Grund hierfür jedoch nicht verstanden. Als er schließlich nach langem Warten die Beute aufgeteilt hatte, wurde der Grund für sein Abwarten ersichtlich. Eine Delegation der gegnerischen Hewazin, bestehend aus 14 Mann, erschien beim Propheten ﷺ und trat zum Islam über. Durch die Freilassung Scheymas ermutigt, traten sie an den Propheten ﷺ heran und baten ihn, ihre Angehörigen freizulassen und ihnen ihren Besitz zurückzugeben. Sie sagten: „O tugendhafter Mensch! Unter den gefangenen Frauen befinden sich deine Milchtanten und ihre Kinder. Sie haben sich seinerzeit um dich gekümmert und dich beschützt." Da sagte der Prophet ﷺ: „Ich hatte die Verteilung der Beute aufgeschoben, weil ich auf euch gewartet habe. Als ihr nicht kamt, habe ich die Gefangenen unter den muslimischen Kämpfern verteilt. Ihr seht, wie viele Muslime hier sind. Es ist schwierig, sie alle dazu zu bringen, dass sie von ihrem Recht ablassen. Ihr müsst euch daher entscheiden: Was ist euch wichtiger, eure Besitztümer oder eure Angehörigen?" Daraufhin sagten sie: „Du stellst uns vor die Wahl, uns zwischen unserem Besitz und unserer Ehre zu entscheiden. Wir werden natürlich unsere Frauen und Kinder wählen." Daraufhin sagte der Prophet ﷺ: „Ich schenke euch die Gefangenen, die mir und den Söhnen Abdulmuttalibs zustehen. Ich gehe nun das Mittagsgebet verrichten. Geht hin und verkündet meinen Gefährten, dass ihr Muslime geworden seid, und sagt dann zu ihnen: ‚O Gemeinschaft! Wir sind nun eure Glaubensbrüder. Wir erbitten für unsere Frauen und unsere Kinder die Fürsprache des Propheten ﷺ bei den Muslimen und die Fürsprache der Muslime beim Propheten ﷺ. Der Prophet ﷺ hat uns die Gefangenen, die ihm und den Söhnen Abdulmuttalibs zustehen, erlassen.'"

Während er zum Gebet ging, taten die Hewazin das, was ihnen der Prophet ﷺ aufgetragen hatte. Nachdem sie zu den Gefährten des

Propheten ﷺ gesprochen hatten, ließen diese alle Gefangenen der Hewazin, die an sie verteilt worden waren, frei. Diese einzigartige Geste bewirkte, dass der gesamte Stamm der Hewazin zum Islam übertrat. Der Prophet ﷺ sagte zu den Abgesandten der Hewazin: „Wenn euer Oberhaupt Malik zu mir kommt und Muslim wird, werde ich ihm, nach der Freilassung der Gefangenen und der Rückgabe eures Besitzes, weitere 100 Kamele schenken."
Malik nahm das Angebot des Propheten ﷺ an. Er kam zum Gesandten Allahs ﷺ und nahm den Islam an. Der Gesandte Allahs ﷺ löste daraufhin sein Versprechen ein.

Nach der Verteilung der Kriegsbeute fühlten sich einige junge Muslime unter den Ensar gekränkt, weil der Prophet ﷺ ihnen aus dem Staatsschatz nichts gegeben hatte, während die Quraisch und einige andere Araber von ihm reich beschenkt worden waren. Der Gefährte Sa'd ibn Ubade ؓ teilte dem Propheten ﷺ den Unmut der jungen Ensar darüber mit: „O Gesandter Allahs! Die Muslime von Medina sind gekränkt. Sie sagen, dass die Quraisch und die anderen Araber ihren Anteil an der Beute erhalten haben, während die Ensar leer ausgegangen sind." Daraufhin fragte der Prophet ﷺ Sa'd ؓ: „O Sa'd! Wie denkst du darüber?" Sa'd ؓ antwortete: „Ich bin auch einer der Ensar... was kann ich da schon sagen?" Der Prophet ﷺ sagte: „Versammle die Ensar an einen geeigneten Ort und sage mir dann Bescheid."
Sa'd ؓ tat, was der Prophet ﷺ ihm aufgetragen hatte, und rief die Ensar zusammen. Der Prophet ﷺ begab sich sodann zum Versammlungsort und sagte zu ihnen: „O Ensar! Als ich zu euch kam, wart ihr da nicht irregeleitet, verarmt und miteinander verfeindet? Allah hat euch durch die Religion, die ich euch brachte, rechtgeleitet, euch Wohlstand gebracht und euch miteinander versöhnt." Daraufhin sagten sie: „Es stimmt, wir haben unzählbar viele Wohltaten von ihm erfahren." Daraufhin fragte der Prophet ﷺ: „O Ensar! Wollt ihr mir keine Antwort geben?" Da sagten die Ensar: „Was sollen wir antworten, o Gesandter Allahs? Dank gebührt nur Allah und Seinem Propheten!" Darauf sagte der Prophet ﷺ: „Zweifellos hättet ihr sprechen können, wenn ihr gewollt hättet. Und wenn ihr gesprochen hättet, so hättet ihr die Wahrheit gesprochen, ihr hättet jeden überzeugen und zu mir folgendes sagen können: ‚Du kamst zu uns als ein Prophet, dem man nicht geglaubt hatte, aber wir haben dir geglaubt. Du kamst zu uns als ein Vertriebener, und wir haben dich aufgenommen. Du kamst ärmlich zu uns und wir haben dich aus der Armut befreit.'

O Ensar! Seid ihr mir gegenüber nun verstimmt wegen wertlosen materiellen Dingen? Ich habe mit diesen Dingen lediglich versucht, das Herz einiger Menschen für den Islam zu gewinnen. Und euch habe ich eurem unerschütterlichen Glauben anvertraut. Während einige Menschen mit ihren Kamelen und ihren Schafen in ihre Heimat zurückkehren werden, werdet ihr dann nicht glücklich darüber sein, dass ihr mit dem Gesandten Allahs in eure Heimat zurückkehren werdet? Ich schwöre bei Allah, wäre ich nicht aus Mekka ausgewandert, so wäre ich sicher einer der Ensar geworden. O Allah! Sei Barmherzig mit den Ensar und mit den Kindern der Ensar und mit den Enkeln der Ensar."

Die Worte des Propheten ﷺ hatten die Herzen dieser treuen Gefährten aus Medina berührt und ihre Augen zu Tränen gerührt. Sie sagten: „Wir haben den wertvollsten aller Schätze bekommen: den Gesandten Allahs."

Kurz danach schickte der Stamm der Sakif aus Taif – der Stadt, die von den Muslimen belagert worden war, aber nicht eingenommen werden konnte – eine Gesandtschaft an den Propheten ﷺ und gab bekannt, dass sie den Islam angenommen hatten.

Acht Jahre zuvor hatte man das Fundament für den Stadtstaat Medina gelegt, und nun war ein islamisches Herrschaftsgebiet entstanden, das sich über die gesamte Arabische Halbinsel erstreckte.

Tebuk

Byzanz war seit dem Sieg über Persien zur vorherrschenden Macht im Nahen Osten geworden, und es wäre nicht übertrieben, sie als die damalige „Supermacht" zu bezeichnen. In der Schlacht von Mu'te hatten die Byzantiner die erste militärische Auseinandersetzung mit den Muslimen gehabt. Da Byzanz seine Vorherrschaft in der Region auch auf die Arabische Halbinsel auszubreiten beabsichtigte, befürchteten die Muslime eine bevorstehende Invasion. Als im neunten Jahr der Hidschra (630 n. Chr.) nabatäische Händler, die Handelswaren von Damaskus nach Medina brachten, berichteten, dass der byzantinische Kaiser starke Verbände für einen Feldzug gegen Medina zusammenzog und ihre ghassanidischen Verbündeten bereits die Grenze zur Wüste überschritten hatten, sah sich

der Prophet ﷺ gezwungen, Vorbereitungen zu treffen, um der drohenden Gefahr entgegenzuwirken. Da zu dieser Zeit eine Dürreperiode herrschte, gab es großen Mangel an allem. Nichtsdestotrotz musste eine Armee zusammengestellt werden, um dem Feind entgegenzutreten und einem Angriff auf Medina zuvorzukommen. Die Muslime eilten mit ihrem Hab und Gut herbei und spendeten, um eine Streitmacht aufzustellen, die den Feind abwehren sollte. Dadurch gelang es ihnen, ein Heer von ca. 30.000 Mann, die bis dahin größte muslimische Armee, auszurüsten. An ihrer Spitze brach der Prophet ﷺ nach Norden, in Richtung Damaskus, auf.

Da die zurückzulegende Strecke sehr weit und das Jahr außerordentlich heiß war, litten die Muslime schon bald unter der brennenden Hitze und Wasserknappheit. Ihre Not wurde erst gelindert als der Prophet ﷺ Allah den Erhabenen um Regen bat und es unmittelbar daraufhin zu regnen begann. Als die muslimische Armee schließlich Tabuk – im Nordwesten des heutigen Saudi-Arabiens – erreichte, war von einer feindlichen Armee weit und breit keine Spur. Die Ghassaniden waren geflüchtet, als sie vom Kommen einer großen muslimischen Streitmacht erfahren hatten. Die Byzantiner hingegen waren derart mit innenpolitischen Angelegenheiten beschäftigt, dass sie gar keine Ambitionen auf eine territoriale Erweiterung ihres Machtbereichs hegten. Die Nachricht von einer Kriegsvorbereitung der Byzantiner hatte sich also als falsch herausgestellt. Doch allein das Erscheinen einer solch gewaltigen muslimischen Armee hatte schon gereicht, um den politischen Status der Muslime zu stärken, und war Abschreckung genug, um die Sicherheit des islamischen Herrschaftsbereichs zu gewährleisten. Der Prophet ﷺ schloss noch mehrere Verträge mit den Stämmen der Grenzregion ab und zog anschließend mit der muslimischen Armee wieder zurück nach Medina. Dies sollte der letzte Feldzug sein, an dem der Prophet Muhammed ﷺ teilnahm.

Das Jahr der Delegationen

Das Jahr 9 der Hidschra wird auch als das „Jahr der Delegationen“ bezeichnet. Aus allen Teilen Arabiens sandten die Stämme und Stammesverbände Gesandtschaften nach Medina. Unter diesen gab es solche, die Interesse an der islamischen Religion hatten und ihre Neugier stillen wollten, und wiederum andere, die bereits den Islam angenommen hatten und nun die Feinheiten ihrer Religion erlernen wollten.
Der Prophet Muhammed ﷺ empfing jede der Delegationen persönlich und kümmerte sich um ihr Wohl und ihre Anliegen. Die Abgesandten der muslimischen Stämme erlernten in der Zeit, die sie in Medina verbrachten, die notwendigen Voraussetzungen für das tägliche Gebet sowie die dafür erforderlichen Quranverse und Formeln. Sie waren zu Gast bei den Ensar, beteten das tägliche Pflichtgebet in der Gemeinschaft mit dem Propheten ﷺ und erlebten die beeindruckende Atmosphäre der islamischen Gemeinschaft in Medina. Unter der Wirkung dieser Erlebnisse und des kurzen Beisammenseins mit dem Propheten ﷺ und seinen Gefährten kehrten die Abgesandten in ihre Heimat zurück und berichteten ihren Stammesangehörigen von ihren Eindrücken.
Der Prophet ﷺ entsandte seine Gefährten, die in der Suffe ausgebildet worden waren, als Lehrer zu den Stämmen auf der gesamten Arabischen Halbinsel. Auf diese Weise wurde der Islam bald in ganz Arabien verbreitet.
Unter den Delegationen, die in diesem Jahr eintrafen, befanden sich auch Christen aus Nedschran, dem Südwesten Arabiens. Die Abgesandten fragten den Propheten Muhammed ﷺ nach dem Propheten Isa عليه السلام (Jesus), woraufhin der Prophet Muhammed ﷺ ihnen die Verse, die im Edlen Quran über den Propheten Isa عليه السلام berichten, vortrug. Der Prophet ﷺ erlaubte der christlichen Delegation zudem, in der Moschee von Medina ihren Gottesdienst abzuhalten.
Ein weiteres Ereignis dieses Jahrs war der Tod des Negus Ashame in Abessinien. Er hatte seinerzeit den muslimischen Auswanderern Schutz gewährt und sie nicht den Quraisch ausgeliefert. Nachdem er damals mit den Auswanderern gesprochen hatte, hatte er gesagt: „Seid Willkommen! Ich bezeuge, dass er der Gesandte Allahs ist, den wir im Evangelium finden! Er ist der Prophet, dessen Kommen uns Jesus, der Sohn der Maria, verkündet hat! Ihr könnt in meinem Land bleiben, wo ihr wollt.
Bei Allah, würde ich mich im gleichen Land befinden wie er, so würde ich zu ihm gehen, seine Schuhe tragen und seine Füße waschen!“

Negus Ashame war Muslim geworden, aber er hatte es vor seinem Volk verheimlicht. Trotz dem Roten Meer zwischen Arabien und Afrika und trotz der großen Entfernung zum Königreich Aksum teilte der Prophet Muhammed ﷺ seinen Gefährten den Tod des Negus Ashame noch am selben Tag mit. Er sagte: „Verrichtet das Totengebet für euren Bruder, der außerhalb eures Landes verstorben ist." Als die Gefährten fragten: „O Gesandter Allahs, wer ist das?" antwortete der Prophet ﷺ: „Es ist der Negus Ashame. Heute ist Ashame, der gute Diener Allahs, gestorben. Bittet Allah um Vergebung für euren Bruder!"
Dann verrichtete er mit seinen Gefährten das Totengebet für den Negus Ashame. Dies war das einzige Mal, dass der Prophet ﷺ das Totengebet für jemanden verrichtete, dessen Leichnam nicht anwesend war.

Die Pilgerfahrt

Als spirituelles Zentrum der gesamten Arabischen Halbinsel war die Kaaba das Ziel vieler Pilger. Das Heiligtum war noch in der Zeit des Propheten Ibrahim عليه السلام der Mittelpunkt des monotheistischen Glaubens gewesen. Mit der Zeit geriet seine Botschaft aber in Vergessenheit oder wurde verändert, sodass Elemente des ursprünglichen Gottesdienstes – wie die Umrundung der Kaaba – erhalten blieben, sich aber mit nichtislamischen Praktiken späterer Glaubensvorstellungen mischten. Umso betrüblicher war die Tatsache, dass Jahrhunderte danach Götzenanbeter aus ganz Arabien zur Kaaba pilgerten und Mekka sich zum Zentrum des Polytheismus entwickelt hatte. Die große Zahl unterschiedlicher Götzen brachte es mit sich, dass man viele verschiedene polytheistische Strömungen am Heiligtum antreffen konnte. So gab es sogar polytheistische Pilger, die die Umrundung der Kaaba völlig nackt durchführten. Nachdem die Muslime Mekka erobert hatten, reinigte der Prophet ﷺ die Kaaba zwar von allen Götzen, verwehrte aber den Götzendienern nicht den Zugang zur Kaaba, sodass diese ihre althergebrachten Riten wie gewohnt weiter durchführten.
Im neunten Jahr der Hidschra machte Allah der Erhabene den Muslimen die Durchführung der Pilgerfahrt (Hadsch) zur Pflicht. Aus diesem Grund sandte der Prophet ﷺ 300 seiner Gefährten unter der Führung seines treuen Gefährten Ebu Bekr رضي الله عنه nach Mekka. Ebu Bekr رضي الله عنه sollte die Muslime lehren, wie die Pilgerfahrt nach den islamischen Regeln durchgeführt wird. Als sie schon abgereist waren, sandte Allah der Erhabene die ersten Verse der Sure

Et-Tewbeh herab, in der befohlen wurde, die Kaaba nach der Reinigung von Götzen nun auch von deren Anbetung zu reinigen:

„O ihr, die ihr glaubt! Wahrlich sind die Götzendiener unrein! So sollen sie sich nach diesem ihrem Jahr nicht (mehr) der Heiligen Moschee nähern. Und wenn ihr Armut fürchtet, so (wisset,) dass euch Allah gewiss aus Seiner Fülle heraus reich machen wird, wenn Er will. Wahrlich, Allah ist Allwissend, Allweise!“[1]

Der Prophet ﷺ sandte der bereits aufgebrochenen Pilgergruppe Ali ibn Ebu Talib رضي الله عنه hinterher, um sie über die neuen Regelungen zur Pilgerfahrt zu unterrichten. Ali رضي الله عنه schloss sich der Gruppe an und hielt am Tage des Opferfestes eine Predigt, in der er den Menschen Allahs Gebote zur Pilgerfahrt verkündete: „Jeder soll wissen, dass nur die Gläubigen in das Paradies eintreten werden. Ab diesem Jahr darf kein Götzendiener mehr die Pilgerfahrt durchführen. Niemand darf mehr die Kaaba nackt umrunden. Ab heute wird allen Götzendienern eine Frist von vier Monaten eingeräumt, damit sie in dieser Zeit wohlbehalten in ihre Heimat zurückkehren können. Nach dieser Frist haben nur noch solche Götzendiener, die ein Abkommen mit dem Propheten ﷺ geschlossen haben, bis zum Ablauf ihrer Verträge Zugang zur Kaaba.“

1 9. Sure: Et-Tewbeh, Vers 28.

Die Abschiedspilgerfahrt

Im zehnten Jahr der Hidschra verkündete der Prophet Muhammed ﷺ, dass er die Absicht habe, die Pilgerfahrt durchzuführen und daher nach Mekka reisen werde. All jene, die sich ihm anschließen wollten, sollten sich in Medina versammeln. Als sich diese Nachricht verbreitete, strömten die Muslime scharenweise zum Zentrum des islamischen Staates.

Am 25. des Monats Dhul Qadeh, nach dem Mittagsgebet, brach der Prophet ﷺ mit über 70.000 seiner Gefährten von Medina auf. Seine Frauen und seine Tochter Fatima رضي الله عنها begleiteten ihn. Als sie die Grenze zum Haram erreichten, zogen sie den Ihram an und begannen mit der Telbiyeh, dem Ausruf: „Lebbeyk Allahumme lebbeyk! Lebbeyka la Scherikeh leke lebbeyk! Innel Hamda we Ni'mete leke wel Mulk! La Scherike lek!" was in etwa bedeutet: „Hier bin ich o Allah, zu Diensten! Hier bin ich, Du hast keine Teilhaber, hier bin ich! Wahrlich gebührt Dir alles Lob und Dein ist alle Huld und alle Herrschaft. Du hast keine Teilhaber!"

Die Reise von Medina nach Mekka dauerte insgesamt neun Tage. Der Prophet ﷺ betrat an einem Montag bei Morgendämmerung die Kaaba. Der Prophet ﷺ umrundete sieben Mal die Kaaba, betete am Maqam Ibrahim (Platz des Propheten Ibrahim) und stieg auf den Hügel Es-Safa, um die Kaaba zu betrachten und Bittgebete zu sprechen. Anschließend begab er sich zum Hügel El-Merweh und sprach auch hier Bittgebete. Dann vollzog er den Sa'y (siebenmaliger Lauf) zwischen den beiden Hügeln Es-Safa und El-Merweh.

Der Prophet ﷺ blieb drei Tage in Mekka. Am Donnerstag begab er sich mit den anderen Pilgern zusammen nach Mina und verbrachte dort den Rest des Tages. Am Freitag begab er sich nach Muzdelifeh und stieg auf den Berg Arafat. Dort ruhte er sich eine Weile aus, Am Mittag stieg er vom Berg herunter und begab sich nach Urene, das ungefähr in der Mitte der Ebene von Arafat liegt. Über 100.000 Pilger hatten sich versammelt, um ihn zu hören. Hier sprach der Prophet ﷺ zu ihnen. Damit auch alle Pilger verstehen konnten was er sagt, verteilten sich die Gefährten mit den lautesten Stimmen in einigen Abständen voneinander in der Menge. Der Gesandte Allahs ﷺ sprach langsam und deutlich. Die in Abständen verteilten Gefährten wiederholten lautstark seine Worte ﷺ. Diese Predigt wurde als „Abschiedspredigt" berühmt und gilt bis heute als eine Rede, die den Anbruch einer neuen Zeit verkündet, als eine Erklärung zur Regelung der zwischenmenschlichen Beziehungen und nicht zuletzt als die erste Menschenrechtsdeklaration der Geschichte: „Hier bin ich, o Allah, hier bin ich. Hier bin ich, Du hast keinen Teilhaber, hier bin ich. Wahrlich, alles Lob, alle Huld und alle Herrschaft sind Dein, Du hast keinen Teilhaber.

Alles Lob gebührt Allah, Ihn loben wir und bei Ihm suchen wir Beistand. Ihn bitten wir um Verzeihung und zu Ihm kehren wir reumütig um. Bei Ihm nehmen wir Zuflucht vor unserem eigenen Übel und vor dem Schlechten unserer Taten. Wen Allah rechtleitet, für den gibt es keinen, der ihn fehlgehen lässt, und wen Allah fehlgehen lässt, für den gibt es keinen, der ihn rechtleitet. Ich bezeuge, dass es keinen Gott gibt außer Allah, den Einzigen, Der keinen Teilhaber hat. Sein ist die Herrschaft und Sein ist das Lob. Er gibt Leben und Er lässt sterben, und Er hat Macht über alle Dinge. Es gibt keinen Gott außer Allah, den Einzigen. Er hat Sein Versprechen erfüllt und Seinem Diener zum Sieg verholfen, und Er allein hat die Scharen der Feinde zunichte gemacht.

Ihr Menschen! Hört meine Worte, denn ich weiß nicht, ob ich nach diesem Jahr noch einmal an diesem Ort mit euch zusammentreffen werde.

Wahrlich, euer Herr ist ein Einziger, und ihr alle stammt von ein und demselben Urvater ab. Ein Araber ist nicht vorzüglicher als ein Nichtaraber, und ein Nichtaraber nicht vorzüglicher als ein Araber, und ein Weißer ist nicht besser als ein Schwarzer und ein Schwarzer nicht besser als ein Weißer, außer durch ihre Gottesfürchtigkeit.

O ihr Menschen! Wahrlich, euer Blut und euer Eigentum sind unverletzlich, bis ihr eurem Herrn begegnet, so wie dieser Tag und dieser Monat unverletzlich sind. Bald werdet ihr vor euren Herrn treten und nach euren Taten befragt werden. Wem ein Gut anvertraut wurde, der soll es demjenigen zurückgeben, der es ihm anvertraut hat. Und jeglicher Zins ist hiermit aufgehoben – nur euer Grundkapital steht euch zu. Handelt nicht ungerecht, und ihr werdet nicht ungerecht behandelt werden.

Alle Bräuche aus den Tagen der Unwissenheit (Dschahiliyyeh) sind nunmehr abgeschafft. Abgeschafft ist auch jegliche Blutschuld aus der Zeit der Dschahiliyyeh. Die erste Blutschuld, die ich erlasse, ist die für den Sohn von Rabi'ah ibn El-Harith, der bei den Beni Leyth aufwuchs und durch die Hudheyl getötet wurde. Somit ist er der erste, für den die Blutschuld aufgehoben wird.

Ebenso ist jeder Zins aus der Zeit der Dschahiliyyeh abgeschafft. Der erste Zinsbetrag, den ich erlasse, ist der, welcher meinem Onkel Abbas ibn Abdulmuttalib zustand.
Hört auf meinen Rat und behandelt die Frauen gut, denn sie sind an euch gebunden und vermögen nichts für sich selbst (sie sind auf euch angewiesen). Allah hat sie euch anvertraut, und mit ihnen zu verkehren wurde euch von Allah erlaubt. Beherzigt also meine Worte, o ihr Menschen, denn ich habe es euch nun verkündet.
Ihr habt bestimmte Rechte gegenüber euren Frauen, und eure Frauen haben bestimmte Rechte euch gegenüber. Euer Recht ihnen gegenüber ist, dass sie niemandem erlauben, eure Häuser zu betreten, ohne eure Erlaubnis. Und ihr Recht euch gegenüber ist, dass ihr sie mit Bekleidung und Speise versorgt.
Ich habe euch etwas hinterlassen, wodurch ihr niemals mehr fehlgehen werdet, wenn ihr daran festhaltet: das Buch Allahs und die Sunneh Seines Propheten.
Ihr Menschen, es wird keinen Propheten nach mir geben und keine Ummeh nach euch. So dient eurem Herrn, verrichtet eure fünf täglichen Gebete, fastet im Monat Ramadan, gebt die Zakat aus eurem Vermögen, vollzieht die Pilgerfahrt zum Haus Allahs, gehorcht denjenigen, die für eure Angelegenheiten zuständig sind, und ihr werdet in den Paradiesgarten eures Herrn eingehen.
Die Anzahl der Monate bei Allah beträgt nach dem Buch Allahs zwölf. Davon sind vier heilig: Drei aufeinanderfolgende, Dhul Qade, Dhul Hidscheh und Muharrem; und der Redscheb von Mudar, der zwischen Dschumade und Schaban liegt.
Geht nach mir nicht fehl und kehrt nicht zum Irrtum zurück, sodass ihr euch gegenseitig tötet.
Wenn jemand ein Verbrechen begeht ist nur er selbst dafür verantwortlich und niemand sonst. Weder ist das Kind verantwortlich für das Verbrechen seines Vaters, noch ist der Vater verantwortlich für das Verbrechen seines Kindes.
Wahrlich, der Satan hat jede Hoffnung verloren, in diesem Land jemals wieder angebetet zu werden, doch werdet ihr ihm in euren Taten in Dingen gehorchen, die ihr für gering erachtet, und er wird damit zufrieden sein. So nehmt euch in Acht vor ihm in eurer Religion.
Ihr Menschen, hört meine Worte und beherzigt sie! Wisset, dass jeder Muslim dem anderen ein Bruder ist und dass alle Muslime Brüder sind.

Keinem ist etwas vom Gut seines Bruders erlaubt, außer dem, was er ihm aus freien Stücken gibt, so behandelt einander nicht ungerecht.
O ihr Menschen! Hört und gehorcht demjenigen, dem Befehlsgewalt über euch gegeben wurde, selbst wenn es ein verstümmelter, abessinischer Sklave ist, solange er das Buch Allahs unter euch umsetzt.
O ihr Menschen! Allah der Mächtige und Erhabene hat jedem sein Recht zugeteilt, deshalb gilt ein Testament zugunsten eines Erben nicht, wenn es gegen dieses Recht verstößt.
So berichte der Anwesende dem Abwesenden (von diesen meinen Worten), denn vielleicht berichtet der Anwesende es jemandem, der es besser behält als er.
Und ihr werdet über mich befragt werden. Was werdet ihr sagen?"
Daraufhin sagten die Gefährten: „Wir bezeugen, dass Du die Botschaft verkündet, das Prophetentum erfüllt und aufrichtigen Rat gegeben hast."
Daraufhin erhob der Gesandte Allahs Gesandter ﷺ seinen Zeigefinger gen Himmel, deutete sodann auf die Anwesenden und sagte: „O Allah, sei mein Zeuge! O Allah, sei mein Zeuge! O Allah, sei mein Zeuge!"

Zusammenkunft der Pilger am Arafat-Tag.

In jenem Dhul Hidscheh, am Tag von Arafat, sandte Allah der Erhabene die folgenden Verse herab:

„Heute habe Ich für euch eure Religion vollendet, und Ich habe Meine Gnade an euch erfüllt, und Ich habe für euch den Islam als Religion auserwählt.“ [1]

Als Ebu Bekr رضي الله عنه diesen Quranvers vernahm, begann er zu weinen, denn er hatte verstanden, dass der Prophet ﷺ nicht mehr lange zu leben hatte.
Nach Sonnenuntergang begab sich der Prophet ﷺ von Arafat nach Muzdelifeh. Hier verrichtete er das Abend- und das Nachtgebet zur der gleichen Zeit hintereinander. Am nächsten Morgen begannn der Festtag. Der Prophet ﷺ verrichtete das Morgengebet in Muzdelifeh und begab sich anschließend nach Mesch'arul Haram. Hier wies er seine Gefährten an, kleine Steine zu sammeln, mit denen in Mina symbolisch der Satan gesteinigt wurde. Anschließend schlachtete der Prophet ﷺ die von Mekka mitgeführten Schlachtopfer – 63 Opfertiere, für jedes seiner Lebensjahre eines. Nach dem anschließenden Haarschnitt trat er aus dem Weihezustand aus. Am 14. des Monats Dhul Hidscheh verrichtete er die Abschiedsumrundung der Kaaba und kehrte er anschließend zurück nach Medina.

Der Tod des Propheten ﷺ

Nach seiner Rückkehr von der Pilgerreise erkrankte der Prophet ﷺ an einer fiebrigen Krankheit, von der er sich nicht mehr erholen sollte. Die Offenbarung der letzten Verse des Quran hatte ihn erkennen lassen, dass seine Aufgabe nun erfüllt war. Er merkte, dass er nun dieser Welt für immer den Rücken kehren würde. Mitten in der Nacht besuchte er mit zwei seiner Gefährten den Friedhof El-Baqi in der Nähe der Moschee. Dort verweilte er lange Zeit zwischen den Gräbern und sprach Bittgebete für die Toten. Als er vom Friedhof zurückkehrte, hielt er vor seinen Gefährten in der Moschee eine Ansprache. Er sagte: „Ich werde unter euch der erste sein, der zum Hawzul Kewther (Paradiesquelle) kommen wird. Dort werde ich euch empfangen. Der Hawzul Kewther wird unser Treffpunkt sein. In diesem Moment sehe ich ihn vor mir. Ich werde Zeugnis über euch ablegen. Nun wurden mir die Schätze der Erde und ihre Schlüssel überreicht.

---

1 5. Sure: El-Maide, Vers 3.

Bei Allah, ich hege keine Befürchtung, dass ihr nach mir wieder zum Götzendienst zurückkehren könntet. Aber ich habe Sorge, dass ihr euch dem Verlangen nach weltlichen Dingen hingeben und euch deshalb gegenseitig beneiden und töten könntet und genauso untergeht wie diejenigen vor euch."

Trotz anhaltender Krankheit kam der Gesandte Allahs weiterhin in die Moschee und betete der Gemeinde beim Gemeinschaftsgebet vor. Als seine Beschwerden schlimmer wurden, blieb er im Zimmer seiner Frau Aische رضي الله عنها. Drei Tage vor seinem Tod nahm sein Leiden derart zu, dass er nicht mehr in der Lage war, in die Moschee zu gehen. Er ordnete an, dass sein treuester Freund Ebu Bekr رضي الله عنه seinen Gefährten beim Gemeinschaftsgebet vorbeten solle. Als seine Beschwerden noch weiter zunahmen, sprach ihn einer seiner Gefährten auf sein Leiden an, worauf der Prophet ﷺ sagte: „Unsere Krankheit verläuft erheblich schwerer als die Krankheit anderer. Der Lohn, den wir dafür im Gegenzug erhalten, ist dafür aber auch größer."

Der Prophet ﷺ gab Bilal رضي الله عنه die Anweisung, alle Gefährten in die Moschee zu rufen. Als die Gefährten daraufhin zahlreich herbeieilten und die Moschee sie kaum noch fassen konnte, sprach der Prophet ﷺ: „O ihr Menschen! Die Zeit für unsere Trennung ist sehr nah. Sollte ich jemanden unter euch geschlagen haben, so ist hier mein Rücken, er soll kommen und mich schlagen. Sollte ich jemandem unter euch etwas genommen habe, so soll er kommen und sein Recht einfordern. Unter euch ist mir derjenige am liebsten, der sein Anrecht bei mir einfordert, wenn er eines hat, oder darauf verzichtet. Ich möchte nicht mit einer Schuld vor meinen Herrn treten, die ich an einem Seiner Diener habe."

Am Montag, dem 12. Rebi'ul Ewwel, dem dritten Monat des islamischen Kalenders, fühlte sich der Prophet ﷺ etwas besser, aber nicht gut genug, um am Gemeinschaftsgebet teilzunehmen. Von der Türschwelle seines Hauses aus konnte er in die Moschee hineinsehen. Er konnte sehen, wie sein Freund Ebu Bekr رضي الله عنه der Gemeinde vorbetete, und mit welcher Ehrfurcht und Hingabe sich seine Gefährten am Gebet beteiligten. Der Gesandte Allahs ﷺ lächelte, als er dies sah, denn er wusste, dass er eine Gemeinschaft von aufrichtigen und gottergebenen Muslimen hinterlassen würde.

Gewand des Propheten Muhammed ﷺ.

Es waren seine letzten Stunden. Den Kopf in den Schoß seiner Frau Aische رضي الله عنها gelegt, wiederholte der Prophet ﷺ immerzu: „O Allah, lass mich in die Refiqul Ala (die höchste Stufe im Paradies, die der Gemeinschaft der Propheten) eingehen."

Als seine Tochter Fatima رضي الله عنها zu ihm kam, flüsterte er ihr etwas ins Ohr. Daraufhin begann Fatima رضي الله عنها zu weinen. Dann flüsterte der Prophet ﷺ ihr erneut etwas in Ohr, woraufhin Fatima رضي الله عنها zu lächeln begann. Als Aische رضي الله عنها später Fatima رضي الله عنها fragte, was denn der Prophet ﷺ zu ihr gesagt habe, antwortete Fatima رضي الله عنها: „Als erstes sagte er mir, dass er mich und diese Welt nun verlassen werde, woraufhin ich zu weinen begann. Dann sagte er, dass ich ihm aus der Familie als erste folgen würde. Da habe ich mich gefreut!"

Kurz vor Nachmittag, als er im Schoße seiner geliebten Frau lag, tauchte Aische رضي الله عنها ihre Hände ins Wasser und bestrich damit sein Gesicht. In diesem Moment erklangen die letzten Worte des Propheten Muhammed ﷺ: „La ilahe illallah (Es gibt keine Gottheit außer Allah!)"

Er war am 12. Tag des Monats Rebi'ul Ewwel beim Morgengrauen geboren worden und er verstarb am späten Nachmittag des 12. Rebi'ul Ewwel.

Als bekannt wurde, dass der Prophet ﷺ gestorben ist, eilten die Muslime in die Moschee. Alle begannen zu weinen. Umer رضي الله عنه, der es einfach nicht wahrhaben wollte, rief: „Wenn ich irgendjemanden sagen höre: ‚Der Gesandte Allahs ist tot', dann schlage ich ihm mit meinem Schwert den Kopf ab!“ Daraufhin sagte Ebu Bekr رضي الله عنه: „Wer Muhammed ﷺ angebetet hat, der soll wissen, dass Muhammed ﷺ tot ist. Wer aber Allah den Erhabenen anbetet, der soll wissen, dass Allah unsterblich ist.“ Dann rezitierte er den folgenden Quranvers:

„Und Muhammed ist nichts anderes als ein Gesandter! Schon vor ihm gingen die (anderen) Gesandten dahin. Wenn er nun stirbt oder getötet wird, kehrt ihr dann auf euren Fersen um? Und wer auf seinen Fersen umkehrt, der kann Allah in keiner Weise schaden. Aber Allah wird es den Dankbaren vergelten.“[1]

Diese Ayeh ist für die nachfolgenden Generationen der Muslime eine Mahnung, dass sie jederzeit fest an den Band des Gesandten Allahs ﷺ festhalten sollen. Wer sich nicht an seine Anweisungen hält, der gehört zu jenen, die auf ihren Fersen umgekehrt sind.

Grabmahl des Propheten Muhammed ﷺ. Aufnahme aus dem 19. Jahrhundert.

1 3. Sure: Alu Imran, Vers 144.

SEMERKAND